Серия

«Русский художественный металл»

Series
«Russian Decorative
Metalwork»

Алексей Карпун

РУССКОЕ ЮВЕЛИРНОЕ ИСКУССТВО

ВТОРАЯ ПОЛОВИНА 19 – 20 ВЕК

БЕРЕСТА
Москва
1994

Alexei Karpun

RUSSIAN JEWELLERY

MID-19th CENTURY–20th CENTURY

BERESTA
Moscow
1994

ББК 85.12
К26

Серия
„Русский
художественный металл“
основана в 1993 году

Из коллекции
Всероссийского музея
декоративно-прикладного
и народного искусства
(Москва)

The Series
"Russian Decorative
Metalwork"
founded in 1993

From the Collection
of the All-Russian Museum
of Decorative-Applied
and Folk Art,
Moscow

Научный консультант
искусствовед
А. Гилодо

Художник
Т. Семенова

Фотографы
Н. Алексеев
Л. Мелихов
Н. Мелихова

Research consultant
art historian
A. Gilodo

Designed
by T. Semyonova

Photography
by N. Alekseev
L. Melikhov
N. Melikhova

ISBN 5-7460-0002-7

СОДЕРЖАНИЕ CONTENTS

Содержание	Стр.	Contents
	6	Preface
	9	Introductory Essay
Введение	22	
Вступительная статья	26	
Иллюстрации	41	Illustrations
Приложение	177	Addenda
Список современных российских художников-ювелиров	179	List of Contemporary Russian Jewellers
Список иллюстраций	191	List of Plates
Библиография	195	Bibliography

PREFACE

The album "Russian Jewellery: Mid-19th Century — 20th Century" from the "Russian Decorative Metalwork" series draws the reader's attention to the national tradition and contemporary developments in this genre of art.

From the mid-19th century to the beginning of the 20th century the art of jewellery-making in Russia developed according to European traditions and practice. This was reflected a range of items, particularly rings, bracelets, pendants, brooches, necklaces, pins etc. Stylistically, the jewellery designs were linked to the prevailing styles of the times such as "Neo-Baroque", "Neo-Rococo", "Neo-Classicism" and "Art Nouveau". This link with generally European traditions was also felt in production systems which dominated smaller jewellery workshops and big firms as FABERGÉ, OVCHINNIKOV, KHLEBNIKOV, NEMIROV- KOLODKIN, the GRACHEV BROTHERS etc.

After 1917 jewellery-making in Russia developed its own peculiar way and had to seek new forms of existence. This art was out of place within the new ideology and morality of the Soviet state, and even considered alien and hostile to the proletarian state and society. Moreover, at the end of the 1920s the state claimed the exclusive right to handle precious metals and stones. As a result Russian jewellery-making after 1917 developed in isolation and is, therefore, little known in the West. Only recently has it evoked great interest both in the West and in Russia itself.

The last three decades are of particular interest. This was the period when jewellery-making was aimed at individual creativity and opposed to mass-production. In other words, jewellery-making was associated with specific jewellery articles as purely functional objects, and with the independent work of an artist-jeweller — the equivalent in jewellery of an easel painter.

Any description of the "easel" art of jewellery-making must be based on Russia's best collection of modern jewellery — that of the All-Russian Decorative-Applied and Folk Art Museum. This collection will introduce readers to modern Russian jewellers, who have won prizes and awards at the most prestigious international jewellery competitions. The collection has been on display in Italy, Germany, Poland and in other countries.

The album describes the main jewellery centres in Russia, and all the forms, techniques and materials used including the original ones developed exclusively by Russian artists-jewellers.

The album also covers one unique aspect of modern Russian jewellery — the fact that most pieces are specially produced for exhibitions or collections and are viewed purely as works of art, conceptual pieces not limited by any rigid function, — pieces that could serve as a sort of model for the future mass-production of jewellery adornments.

The album gives readers a rare opportunity to observe general tendencies of developments in the Russian arts with respect to jewellery. This new approach is particularly interesting because all the main tendencies in art in the former Soviet Union found their fullest expression in jewellery-making at a time when the totalitarian state's rigid ideological control determined what was good or bad, and which kinds of art were to be encouraged or repressed.

At the same time jewellery-making as a form of applied art did not experience the same rigid control as, for example, painting, sculpture, and monumental arts. This led to many artists and designers referring to jewellery-making. This enabled them to express their stylistic innovations which they had been unable to do when working in other areas of art. Therefore jewellery-making in the '60s and '90s fully embodied both the traditional national heritage, expressed mostly through typically Russian techniques and shapes, and the search for innovative styles and materials.

The section dealing with contemporary "easel" jewellery introduces readers to the period of Russian art known as "Underground" art. Any description of this art would be incomplete, even distorted, without a comprehensive survey of the condition and development of Russian art covering the areas of painting and of decorative-applied art as well.

A. Gilodo

INTRODUCTORY ESSAY

The art of jewellery-making... This is something that is generally associated with museums, the world's biggest storehouses of antiques. They include objects of precious metals and gems which brightly glitter and become iridescent when exposed to the sun; which hold people spellbound by their masses of gold and silver, their elegance and which speak volumes about the imagination of the craftsmen who created them and the diversity of the techniques used.

There is a reason behind all these associations which have been forming ever since jewellery-making began all those centuries ago. According to modern dictionaries and encyclopaedias the craft of jewellery-making is described as a kind of decorative and applied art connected with creating fancy adornments, everyday items and other articles of precious metals which often incorporate gems and semi-precious stones or as art objects of other metals executed with particular skill.

The origin of jewellery-making goes back centuries to the time when a piece of jewellery had two purposes — that of an adornment and of a symbol indicating its owner's family, tribe or other social grouping. Since time immemorial man has sought to protect himself and magic charms played an important role in this self-defence. In particular amulets were worn because it was considered that they had a magical effect and could ward off hardship and troubles. But they had another advantage in that they earned his admiration as well. People loved the beauty and glitter of the metals and stones used in the creation of jewellery.

Initially amulets were made out of copper and bronze but later preference was given to gold and silver because they contain properties extremely valuable to the production of jewellery items. For example, unlike other metals, gold and silver retain their charming colour for a long time. They are also suitable for forging and melting and can be easily drawn into threads as thin as hairs. It is no wonder, therefore, that gold and silver became the most popular materials used in the making of jewellery over the centuries.

Bracelets, rings, chains, necklaces, diadems, temple pendants, ear-rings, pins and buckles were all made out of gold and silver or a fusion of both. Throughout the ages these objects formed one of the largest spheres of jewellery craftsmanship — the field of decorative jewellery. This area manifested itself so strikingly and independently that it became generally identified with "jewellery".

In Russia the art of creating jewellery is also deeply rooted in the past. In the European part of the country archaeologists have unearthed a huge number of decorative items dating back from the Scythian times to the formation of the centralized state at the end of the 15th century. These discoveries include many quite outstanding examples of jewellery, — expressive fastenings for cloth, forged neck-rings; pendants (so-called "kolts") and necklaces made out of cloisonné enamel from the days of Kiev Rus, temple ring pendants, rattling pendants shaped like horses and birds, various kinds and types of bracelets. All these testify to the extraordinary skill of our forefathers.

Plain rings and gemmed rings were always extremely popular decorations in Rus. Initially they were made out of iron and copper and were rather basic. But from the 8th and 9th centuries onwards gold, silver, gems and enamel were used. Among gems emerald, ruby, carnelian, almandin, coral as well as pearl and mother-of-pearl had preference.

Slavic craftsmen also showed great skill in their creation of ear-rings which were very popular as far back as the days of the Scythians. Various styles of ear-rings were common in Rus — those with one, two or three strings threaded with little stones-beads; ear-rings in the shape of a bird in silhouette or with two birds perched back to back; ear-rings with bird pendants; ear-rings that were fastened to head-dresses; ear-rings shaped like bells with large gems in the centre.

Apart from rings and ear-rings, bracelets, pearl necklaces and a large variety of chains were also popular. They were made of metal only or of metal decorated with gems and enamel. One special type of chain was "ryasy" or "ryasny" — long strings or belts threaded with pearls.

But the jewellery of Old Rus is not only striking for its diversity of forms, but for the wide variety of the techniques used, — filigree and granulation, casting and chasing, niello over silver.

Adornments were often decorated with either enamel or unfaceted gems which were usually processed en cabochon. Until the 18th century Russian jewellery artisans used local river pearls and semi-precious stones from Byzantia, Central Asia and China. Rubies, cherry-coloured garnets, pink tourmalines and conflower-blue sapphires came to Rus from India, Burma and Ceylon. Turquoise arrived from Persia and emeralds from Egypt.

During the 16th and 17th centuries, thanks to the strengthening of the Russian state, a new wider range of customers began to commission items of jewellery. They included above all the tzar's family and his court, distinguished boyars from the capital, numerous noblemen, growing number of towns people and high-ranking clergy. The jewellery of this period is famous for its extreme splendour and magnificence. Bright gems blended in subtle harmony with gold and silver, semi-precious stones had colour-enamelled, engraved or nielloed mounts.

The early years of the 18th century was a turning point in Russian history. Peter the Great's political, economic and cultural reforms began to have a dramatic effect on the face of Russia. The country was rebuilding itself and adopting European traditions. The major changes in everyday life were beginning to be felt and they had their impact on jewellery as well. The very word "jeweller" to which we have become so accustomed was not in use in Russia until the early 18th century, when it replaced the indigenous Russian word "gold-and-silver smith". This western word, "jeweller", was not just a linguistic substitute, not just the replacement of one word by another but an indication of the new European influences affecting Russian life, culture and art.

In 1700 Peter I instructed all noblemen to wear a special European-style costume. New clothes required new decorations. For first time the brooches, diadems, buckles for shoes and dresses and cuff-links so very popular then in Europe appeared in Russian jewellery.

Precious stones were the dominating features of Russian jewellery in the 18th century. As well as those gems which had been traditionally popular in Old Russian jewellery (although no longer unfaceted by the 18th century) brilliants, those "kings" of precious stones, came to be employed too. For a long time thereafter brilliants held first place in the hierarchy of jewellery decorations. In the early 18th century Peter the First started searching for deposits of precious stones in the Urals and the Altai. Soon a number of lapidary works were opened there.

Many experienced foreign jewellers such as Jeremie Posier, Jean-Pierre Ador, Johann Gottlieb Scharf were invited to work in Russia during the 18th century. But in the course of time Russian jewellers, especially those of a French school and working within the boundaries of the European tradition, began to turn up. New trends in decorations bearing French names came into fashion: "fermoir", specially adorned necklace clasps or neck decorations; "châtelaine", belt decorations with a set of tiny objects fastened on little chains; "aigrette", pins decorated with feathers and gems; "porte-bouquet", little flower vases stuck on a belt or their imitations of gold and precious stones.

Throughout the entire 18th century jewellery was influenced by the prevailing styles of Baroque, Rococo and Classicism. These emphasized gems as the focal point of jewellery from the view-point of composition and colour scheme. The fastenings of gems was, as a consequence, concealed in every possible way, and the accent placed on a large central precious stone which was surrounded by smaller ones. During the Baroque period preference was given to combinations of faceted gems marked by special brightness and a broad range of colours. Rococo introduced all kinds of suspended elements, harmonious colour combinations of gems and some balance in the sizes of the stones. Classicist styles in jewellery appeared more tranquil and less bright. Glass with foil under it was often used instead of precious stones. Some imitation stones were considered admissible even in the most expensive pieces of jewellery. Thus, in the 18th century emerged the so-called "strazy" — a glass imitation of brilliants and the steel "brilliants" of Tula. As for metal, it was obviously of secondary importance during those times, merely a structural element.

It is fair to describe the 18th century with respect to Russian jewellery in general and to jewellery pieces in particular as an age of magnificent precious stones. At that time faceted precious stones and Ural-processed semi-precious stones became a key element in jewellery, creating an image: glittering, bright and multi-coloured or elegant, cool and restrained, their charm lay in the play of light on faceted diamonds.

Although the craft of jewellery continued artistic and technical traditions of previous ages, its inner meaning did undergo considerable changes during the 19th century. Traditional objects were still produced although rarely but now there was a huge variety of less expensive, mass-produced articles which proved more accessible to buyers. The increase in the size of jewellery adornments, followed later by the mass-production of them, became distinctive features of jewellery-making in the 19th century. This was due to the fact that, for the first time in Russia, fashion itself in many ways dictated the creation of new styles of adornments. Moreover, since fashion changed very quickly, there was always a demand for new styles. Classicist and Empire styles with their diadems, brooches-pins, cameos and medallions gave way to Romanticism. The latter style turned to history and introduced innovative approaches to retrospective European styles and Oriental motifs, treating them in a new and unusual way. Such fashionable adornments as ferronniere, a chain with a precious stone for the hair, various combs, brooches and twin bracelets appeared. Romanticism had a great impact on the Russian public's aesthetic and artistic preferences. As a result, jewellery was forming stylistically under the influence of several retrospective styles simultaneously. These brought about an eclectic combination of diverse elements in one piece of jewellery. Such approaches and appeals to the aesthetic side of jewellery pieces by Russian customers and consumers coincided precisely with trends in the West.

By the mid-19th century the "Russian style", the national version of European Retrospectivism (Bidermeyer), began to prevail and became very popular in all spheres of art. In keeping with the trend jewellers tried to introduce national motifs in themes, compositions and even materials. This "Russian style" made pearls of northern Russian rivers fashionable again in jewellery.

Naturalistic portrayals of insects became a favourite jewellery style. There was a great number of pendants and brooches decorated with superimposed beetles, spiders and flies carved out of gold. The motif of a coiled-up snake with glittering eyes of brilliants, emeralds, garnets was an equally popular adornment for the neck.

At this time there was particular interest in combining large metal surfaces (mostly gold) with polychrome enamel, precious stones and semi-precious stones from the Urals: jasper, malachite, rhadonite. Striving to imitate bulks of gold, jewellers began producing the so-called "hollow gold" jewellery articles which, although not really heavy, did give the impression of containing masses of gold and were relatively inexpensive.

The appearance in 19th century Russia of so many skilled Russian jewellers, not to mention the jewellery training courses, led to the setting up of such big Russian jewellery firms as SAZIKOV, KHLEBNIKOV, OVCHINNIKOV, FABERGÉ etc. as well as smaller jewellery workshops. These firms "democratized" jewellery adornments and made them more accessible to people. Using new technologies and employing their own artists-designers, firms were able to produce expensive commissioned pieces as well as a range of products that were stylish enough yet aimed at buyers with lower spending power.

Nevertheless, the industrialization of jewellery production did result in a general fall in the standard of mass-produced jewellery pieces. Only a few Russian jewellery firms were able to combine mass-production with high artistic and technical standards. One firm that did succeed in this was the famous House of Carl Fabergé. Founded in 1842 it has remained one of the most popular jewellery firms throughout the 20th century. Fabergé brought together talented artists and highly professional craftsmen thus enabling him to create beautifully-designed and technically-faultless articles. These ranged from the world-renowned Easter Royal souvenirs to common silver cigarette cases; from magnificent animal figurines to plain dinner services.

After World War I the trend towards the automation of the art industry gathered pace. In the West artists, as creators and "dictators" of styles and fashions, opposed this ever-growing stream of mass-produced articles. One could commission, for example, a unique decoration with Cartier, Tiffany or Van Clief. At that time in a number of Western European countries and in the USA craft associations and groups of artists formed and they proposed new aesthetics of applied art in view of the industrialized reproduction of its products. The aesthetics of functionalism was advocated by the Higher School of Building and Construction, the so-called "Bauhaus" in Germany from the 1910s to the early 1930s. Representatives from this school later went on to work in America. This school, as well as associations such as "De Stijl" and "Esprit Nouveau" gave new impetus to the improvement of jewellery items destined for mass-reproduction. At the same time America's arts and crafts movement promoted the education in industrial design of professional workers and worked out a whole training system for them.

After 1917 Russian jewellery developed in its own peculiar way. The jewellery firms, internationally renowned before the Revolution, were transformed to process precious metals and stones for technical purposes. Thus, in 1918 the factory owned by Khlebnikov, who had previously been as well-known as Fabergé, was transformed into a platinum plant for the electro-technical industry. The Kolyvan factory, the pride and joy of Russian stone-cutting, was modified to produce whetstones. However, life made its corrections soon. The demand for jewellery articles continued. The New Economic Policy, which replaced "War Communism" and encouraged private enterprises, enabled the rapid growth of small domestic jewellery workshops. But in the late 1920s the state took over the entire industry, including small businesses and claimed an exclusive right to handle precious metals and stones. This cut the production of jewellery articles dramatically. The jewellery from this period was much the same as pre-revolutionary models. Such copying, and even this was limited, did not promote any creative developments in the art of jewellery-making. Rather it narrowed and impoverished those technical devices accumulated in pre-revolutionary times. However, traditional handicraft centres such as Krasnoye-on-Volga village (filigree), Veliky Ustjug (niello), Rostov Veliky (enamel), Bronnitsy (mail-armour work) etc. passed safely through this hard period. In fact, although adornments virtually disappeared from their range of items, other useful everyday objects continued in production. Importantly, too, craftsmen managed to preserve their technical skills.

In the mid-1930s the Kostroma jewellery artel produced its first small batch of gilded silver articles for a long time. The renewed use of traditional precious metals signified the beginning of a jewellery revival in Russia — a process which continued until the mid-'50s. At the end of the 1940s — beginning of the 1950s jewellery factories organized themselves on the basis of small jewellery workshops in Moscow, St.Petersburg (Leningrad), Ekaterinburg (Sverdlovsk, Ural) and other cities. New artists came to these new factories, artists professionally educated in the applied arts. True, there was not a single higher institute for training artists-jewellers at that time in Russia. Even so, it was of great importance that people who knew the methods and principles of creating works of art were the ones responsible for designing industrial jewellery rather than just being handicraftsmen copying old samples. These new factories were now producing pieces made of gold, brilliants and other precious stones.

As the jewellery industry developed public interest in products also grew. However, ordinary people tended to associate the "art of jewellery-making" with old decorations, with museum items. As for the new articles on sale in jewellery shops they were viewed more as symbols of wealth and prosperity.

By the mid-'50s the art of jewellery-making in the world and in Russia began to go through important changes which were to determine its later development. As a reaction to the dominance of mass-production, which tended mostly to copy patterns of the late 19th — early 20th century, a special kind of jewellery art, a counterpart of easel painting and sculpture, was born.

The new aim was for artists to include personal self — expression into their pieces. Artists could use any material, techniques or designs when putting their ideas into practice. Such works of art are in themselves unique. They are not meant to be reproduced, although some of the more successful ideas could be adapted later for mass-production. Such works could have been put to use but their true "environment" was a museum, gallery or exhibition hall.

One of the pioneers in the field was Friedrich Bekker, an artist from Dusseldorf, who is now recognized as one of the great jewellery artists of the 20th century. He daringly began to construct new forms of jewellery pieces and these led to experiments in the kinetic art.

A similar search was going on at the same time in the former USSR. The Baltic Republics, leaders of the described new trend in Soviet jewellery at the end of the 1950s — 1960s, were pioneers in this field. Estonia played a special role. The Tallinn State Art Institute was the only higher institute in the former USSR to train professional artists-jewellers. The Baltic school of jewellery was noted for its highly professional methodological approach to the creation of jewellery. When turning to national subjects, ornaments or symbolism, the artists neither copied nor mechanically compiled bits of the past but tried instead to express modern man's view of the history. Equally significant was another trend: bold experiments with form and materials.

The beginning of displays of Russian jewellers' work began after 1947, when Maria Tone's jewellery pieces went on display at the All-Russia Art Exhibition. From the mid-'50s onwards a great number of artists whose works signified the birth of the Russian "easel" art of jewellery, went on similar display. None of these artists severed their ties with the art industry — Maria Tone, Zinaida Zenkova and Sergei Budanov continued to work at the Research Institute of Art Industry in Moscow; Vera Povolotskaya and Jutta Paas-Alexandrova, graduate of the Tallinn State Art Institute, continued to work at the "Russkie Samotsvety" Association (Russian Gems) in St. Petersburg (Leningrad); Vladislav Khramtsov and Vladimir Ustjuzhanin were employed at the Ekaterinburg (Sverdlovsk) jewellery factory; Taisia Chistyakova had a job at the Moscow Association of the USSR Art Foundation.

The late '50s — early '60s was a period when artists-jewellers mastered traditions. Like painters and sculptors during the same period they felt the need to experience as individuals the techniques and creative ideas accumulated in the past. The artist-jeweller, Taisia Chistyakova, recalled later that during the '60s the older generation of Moscow jewellers had to learn the art all over again. "We studied original works, the History Museum's exhibits... Stylistically we went all the way back to Old Russia, to Baroque, to late Classicism and on to Art Nouveau..."

However, there were many artists who had their own distinctive style and maturity as far back as the '60s. Maria Tone, Zinaida Zenkova and Sergei Budanov, for example, often turned to the wealth of national traditions. Thus, Zinaida Zenkova broadly varied filigree technique in her jewellery pieces; for Sergei Budanov natural stones in metal mounts remained a dominating element for a long time. Maria Tone creatively interpreted folk and national traditions in her pieces and produced works with forms and imagery which were recognizable as both traditional and modern at the same time. Products by Jutta Paas-Alexandrova were executed in a very original and talented manner, combining elements of ethnography, folk art, and a new approach to form that was stylistically connected with design. Decorations by Vera Povolotskaya and Inessa Beshentseva were marked by a simplicity and a monumentality of forms typical of the art in the early '60s.

The creative achievements of these and of many other artists brought general recognition to the so-called "easel" trend in jewellery and gave it a social status. In 1964 for the first time a separate section was dedicated to this trend at the "Soviet Russia" exhibition. The marked success of the artists, the growth in public interest in their works led to jewellers-artists being elected to members of the Union of Artists. That same year a subsection of jewellers was set up within the applied arts section.

By that time four independent sources of modern jewellery production came into being in Russia. They were: firstly folk craft centres which largely produced jewellery of a national, traditional style from silver oxidized non-precious metals and using filigree and granulation techniques; secondly industries that produced jewellery for sale — massive articles of gold, silver and precious, semi-precious and decorative stones whose value lay in the cost of the materials rather than in the level of artistry; thirdly numerous amateurish craftsmen produced cheap imitation pieces that satisfied undiscerning tastes; and finally the fourth source was the aforementioned "easel" art of jewellery.

It should be noted that this trend in Russia had from the very beginning one peculiar feature. Owing to the state's monopoly over any work with precious metals and stones artists in this field were unable to use the usual, traditional jeweller's materials. For many artists, especially the older ones, this ban prevented them from fulfilling their true potential. This situation forced artists to seek unusual ways out and in so doing the particular aspect of this trend was determined for several decades.

The artists turned to creating constructive forms, subordinating their ideas to materials and mastering new modern media such as titanium, steel, plastics and acrylic plastic. The limited possibilities in regard to traditional jeweller's materials and, relevantly, traditional techniques caused the artists' interest in a creation of forms connected with the new aesthetics of design.

In the 1970s the "easel" art of jewellery was already being represented by dozens of artists. Along with "veterans"-pioneers younger artists were also in action: Natalya Bykova, Gennady Bykov, Vladimir Goncharov, Felix Kuznetsov, Olga Kuznetsova, Dmitry Popov and many others, graduates from higher art and industrial institutes in Moscow and St.Petersburg (Leningrad). The artists' goals were clear and precise from the outset. As Felix Kuznetsov later put it: "Like all arts jewellery-making is a means of reflecting life. The peculiarities of contemporary jewellery art are manifested in the broadest range of technologies and materials, a wealth of imagination and experimentation. Traditions can be continued through new approaches to designing rather than through inter-relations of forms alone".

True, the innovations were visible even in the artists' earliest works. The natural qualities of materials, mostly stone, were a starting point for their predecessors when they were forming the image of a jewellery piece. The new artists based their creative solutions on bold experiments with the construction of articles.

During those years the art of jewellery-making was enriched by many new themes and approaches. Vladimir Goncharov and Felix Kuznetsov designed a series of rings that looked like miniature jewellery pieces of sculpture. Dmitry Popov used several kinds of non-precious metal in his jewellery pieces. Natalia Bykova exhibited jewellery decorations in which for the first time she used Florentine mosaics. In her pieces Tatyana Makievskaya attempted to reproduce detailed miniature copies of various everyday objects, flowers etc.

The new kind of jewellery art of the '70s evoked great interest amongst the public and critics as well as controversy. An argument flared up over "the traditional" and "the avant-gardistic". The latter label was attached to any work that differed from generally accepted standards. Today, of course, we can see that the contrapositions were largely artificial and ideologic. "The traditional" was a priori considered either positive or utterly retrograde whereas "avant-gardistic" — ideologically dubious or revolutionary depending on one's ideological standpoint. In fact, the problem was at the same time much more simple yet far more complicated. Modern art is, above all, concerned with creative individualities. An artist's attitude to the art of the past is also very personal. Their links with tradition can be quite diverse and multi-levelled up to the programmed rejection of such connections. The sole appreciative criteria relevant here is the precision and conviction with which an artist managed to realize his intentions i. e. the artistic quality of a work of art.

Similar stormy discussions were going on concerning the "exhibitial" and "utilitarian" aspects of the new trend in jewellery-making. Ordinary visitors to exhibitions, and some experts too, treated displays of the "easel" jewellery art as a sort of art salon, a collection of patterns, and they looked on the exhibited works with a view to matching their clothes. This led to the accusation that artists were negative about the inherent utilitarian purpose of jewellery-making, that they neglected people's needs. But the jewellery industry is about as relevant to "easel" art jewellery as "high fashion" is to the production of fashionable clothes. Contemporary modellers often create costumes which they know are not for everyday use. But extravagant and impractical clothes can suggest some general ideas, with respect to the design, silhouettes, combination of materials etc. to be used and adapted in production. Similarly the "easel" art of jewellery does influence the pieces people wear everyday. It should be noted that the concept of utility is somewhat diffuse. It depends largely on personal tastes and a degree of a customer's extravagance and on whether he or she requires the piece to have a utilitarian function or not.

In the early '80s some new trends appeared in the "easel" art of jewellery when objects and sculpturesque pieces were displayed for the first time at exhibitions in St.Petersburg (Leningrad). These exhibitions attracted artists of all generations. For many of them an "easel" piece of jewellery became an important form of creative self-expression. Dmitry Popov characterized the essence of this phenomenon: "In the art works and in the sculptural pieces of jewellery we have functional features of the highest order, an artefact of great value in itself, of the high quality". The jewellery objects or miniature sculptures executed in jewellery techniques were not decorations in a literally meaning of the word. Though this idea was inherent in them. An artist could have put this idea into practice if the need arose.

By this time, in addition to the already famous artists, a number of other artists such as Vera Naumova, Vladimir Naumov, Alexander Kamensky, Gennady Lentsov, Vera Fonton, Andrei Vasin and others began working in this field. Older artists were also very active and had no intention of giving ground to their younger colleagues as far as innovations were concerned. Cases in point were the pieces by Maria Tone and Irina Karakhan which were based on the subtle combination of age-long traditions and sharply modern forms.

Felix Kuznetsov produced several series of pieces using a geometrical style. Vladimir Goncharov and Gennady Lentsov worked on pieces using the optical effects of glass. Alexander Kamensky created objects that combined black wood and silver in the most refined ways. Olga Kuznetsova's highly original brooches, executed from colour oxidized titanium, won international acclaim.

On the whole the 1980s was a time when Russian "easel" jewellery art matured and finally formed as a separate section with its own original language and its own independent existence. Artists began to feel unfettered, free in their handling of materials. They found daring, almost risky, solutions with respect to imagery and design. By the time leading Russian centers of the "easel" art of jewellery were finally formed: Moscow, St.Petersburg, the village of Krasnoye-on-Volga, Kostroma, Ekaterinburg (Sverdlovsk), Rostov Veliky (Yaroslavsky), Yaroslavl, Veliky Ustjug.

Though works of "easel" jewellery art were on display at numerous exhibitions, there were only a few specialized jewellery expositions, and even they came at irregular intervals.

From 1985 onwards, though, such exhibitions became a tradition at the All-Russian Museum of Decorative-Applied and Folk Art, which has an exhibition programme for popularizing modern "easel" jewellery art and its origin. The first two displays were devoted to works of Moscow artists-jewellers, and there was an exhibition of artists from all regions of Russia and from the Republics of the former Soviet Union. Since 1989 such exhibitions have been international events.

By the early 1990s Russian artists-jewellers had a firm grip on the world art arena. Twenty years ago Russian artists exhibited their works for the first time at an international jewellery exhibition in Yablonec, former Czechoslovakia. Then they took part in the Quadriennale of Art and Crafts of socialist countries in Erfurt, Germany, and later they participated in international enamellers' seminars in Kechkemet, Hungary. Now Russian jewellers are competent participants in the world jewellery scene. Their art has gained recognition and received high appraisal in many countries.

Today Russia's jewellery-making is a kaleidoscope of names, methods and styles that enables one to trace the development of one of the country's oldest arts. It also predicts its future.

■

ВВЕДЕНИЕ

Альбом „Русское ювелирное искусство: вторая половина 19-го —20-й век" из серии „Русский художественный металл" акцентирует внимание читателя на национальной традиции и современных путях развития данного жанра искусства.

Во второй половине 19-го — начале 20-го века ювелирное искусство России развивалось в рамках общеевропейской традиции и практики, что нашло отражение в ассортименте ювелирных изделий, основу которого составляли кольца, браслеты, кулоны, броши, колье, заколки и т. д. Художественное решение создаваемых в это время ювелирных предметов стилистически было связано с основными стилями эпохи: „необарокко", „неорококо", „неоклассикой", модерном. Связь с общеевропейскими традициями проявилась и в системе организации производства, которая включала как небольшие ювелирные мастерские, так и крупные ювелирные фирмы, такие, как „Фаберже", „Овчинников", „Хлебников", „Немиров-Колодкин", „Братья Грачевы" и т. д.

После 1917 года развитие русского ювелирного искусства пошло по особому пути, оно было вынуждено искать новые формы своего существования. С точки зрения идеологии и новой морали советского государства искусство художника-ювелира не только было не востребовано, но и рассматривалось как чуждое и враждебное пролетарскому государству и обществу. Кроме того, с конца 1920 годов существовала жесткая монополия государства на право работы с драгоценными металлами и драгоценными камнями. Вследствие этих, а также ряда других причин русское ювелирное искусство после 1917 года развивалось изолированно и поэтому недостаточно хорошо известно на Западе. И только в последние годы оно стало привлекать к себе внимание и в России, и на Западе.

Особенно большой интерес вызывают последние три десятилетия. Это — время, когда ювелирное искусство приобрело самоценность в системе декоративного искусства, когда зародилось авторское ювелирное искусство, которое ориентируется на индивидуальное творчество и противопоставляется массовому, фабричному производству. Иными словами, появилась такая форма ювелирного искусства, которая сопряжена не только с изготовлением конкретного ювелирного украшения как чисто функционального предмета, но она предусматривает и создание художником-ювелиром самостоятельного станкового произведения в рамках ювелирного жанра.

Рассказ об авторском ювелирном искусстве строится на материалах лучшей в России коллекции современного ювелирного искусства из собрания Всероссийского музея декоративно-прикладного и народного искусства. Эта коллекция представляет зрителю творчество российских художников-ювелиров, завоевавших награды и премии на наиболее престижных международных ювелирных конкурсах. Коллекция экспонировалась в Италии, Германии, Польше и других странах мира.

В альбоме представлены основные современные центры ювелирного искусства России, показано все многообразие форм, техник и материалов, в том числе и нетрадиционных, которыми пользуются российские художники-ювелиры.

Одной из главных особенностей современного ювелирного искусства России, нашедшей свое отражение в альбоме, является то, что основная масса современных работ выполнена художниками в первую очередь как выставочные, коллекционные работы, которые самими авторами рассматриваются исключительно как чисто творческие, станковые, концептуальные, не ограниченные жесткими рамками конкретной функциональности, как своеобразные модули для дальнейшего трансформирования в тиражные ювелирные украшения.

Альбом предоставляет читателю возможность увидеть живой процесс творчества через конкретное произведение ювелирного искусства. Новизна данного взгляда для читателя на творчество российских художников последних десятилетий заключается в том, что ювелирное искусство в этот период наиболее полно отразило все основные тенденции, характерные для искусства бывшего СССР в целом, когда идеологизированный всеобъемлющий контроль тоталитарного государства определял, что хорошо, а что плохо, каким видам творчества надлежит развиваться, а какие должно жестко подавлять.

Вместе с тем ювелирное искусство, являясь одним из жанров прикладного искусства, не испытывало столь тесной идеологической опеки, как, например, живопись, скульптура, монументальные виды искусства. Это привело к тому, что многие художники-станковисты и дизайнеры обратились к языку ювелирного искусства для выражения стилевых новаций в своем творчестве, что было невозможно осуществить в других видах искусства. Поэтому ювелирное искусство шестидесятых-девяностых годов наиболее полно воплотило как традиционное национальное наследие, что нашло выражение в первую очередь через характерные для России ювелирные техники и формы вещей, так и поиски новой стилистики и материалов.

Включенный в альбом раздел современного авторского ювелирного искусства дает представление о периоде русского искусства, который сейчас ассоциируется с искусством „андеграунда”, но понимание которого будет неполным или искаженным, если не видеть всей панорамы развития русского искусства как в разделе живописи, так и в разделе декоративно-прикладного искусства.

А. Гилодо

ВСТУПИТЕЛЬНАЯ СТАТЬЯ

Ювелирное искусство... С этим понятием ассоциируются музейные собрания крупнейших хранилищ древностей во всем мире, включающие изделия из драгоценных металлов и драгоценных камней, которые, ярко сверкая и переливаясь на свету, завораживают массой золота и серебра, привлекают внимание разнообразием приемов исполнения и отделки, изяществом форм, рожденных фантазией мастеров.

И эти ассоциации не случайны. Они сформировались за тысячелетия истории ювелирного искусства. В современных словарях и энциклопедиях ювелирное искусство трактуется как вид декоративно-прикладного искусства, связанный с изготовлением художественных украшений, предметов быта и других изделий из драгоценных металлов часто в сочетании с драгоценными и полудрагоценными камнями, а также художественных изделий из других металлов, выполненных с особым мастерством и изысканностью.

Истоки ювелирного искусства уходят в глубь веков, когда ювелирное украшение носило еще дуалистичный характер, выполняло двуединую функцию — украшения и символа, являясь отличительным знаком родовой, племенной или социальной принадлежности своего владельца. Многие столетия ювелирные украшения через яркие зрительные образы создавали своеобразную визитную карточку своего владельца. Вместе с тем человек издревле стремился оберечь себя от бедствий и невзгод и делал это с помощью магических знаков: в древности все носили амулеты, в которых, по их представлениям, была заключена магическая сила. Но человек не только верил в силу этих амулетов, а еще и любовался ими. Любовался блеском и красотой металла, камня, из которых они были выполнены.

Сначала для изготовления амулетов и разнообразных оберегов использовались медь и бронза, позднее предпочтение было отдано золоту и серебру, которые обладали весьма ценными свойствами. В отличие от других металлов золото и серебро долго сохраняют свой завораживающий цвет, хорошо поддаются ковке, легко плавятся и вытягиваются в тончайшие нити-волоски, устойчивы к окислению и коррозии.

Из золота, серебра или их сплава делали браслеты, кольца, перстни, цепи, колье, диадемы, а также височные украшения и серьги, разнообразные заколки и пряжки. Все эти предметы на протяжении столетий и сформировали самый крупный раздел ювелирного искусства — ювелирные украшения. Раздел, который приобрел настолько самостоятельное звучание, что в общепринятом понимании с этим ярким направлением ювелирного искусства часто и ассоциируется само понятие „ювелирное искусство“.

Ювелирное искусство России восходит к глубокой древности. Археологами обнаружено огромное количество предметов, служивших украшениями и созданных на территории нынешней европейской части России со времен скифов до конца 15-го века, когда сложилось Русское централизованное государство. Среди этих находок много замечательных образцов ювелирных изделий: это выразительные фибулы-застежки, кованые гривны, колты, ожерелья с перегородчатой эмалью периода Киевской Руси, височные кольца, а также шумящие подвески в виде коней и птиц, разнообразные типы и виды браслетов. Все они свидетельствуют о мастерстве наших предков.

На Руси одними из самых распространенных украшений во все времена считались кольца и перстни. Сначала они отличались достаточной простотой и делались из железа и меди, а с 8–9-го веков для их изготовления стали употреблять золото и серебро, иногда в сочетании с драгоценными камнями и эмалью. Из камней предпочтение отдавали изумруду, рубину, сердолику, часто встречались альмандин, коралл, а также жемчуг и перламутр.

Славянские мастера были также искусны и в изготовлении серег, которые еще со времен скифов пользовались большой популярностью. На Руси встречались различные типы серег: одинцы, двойчатки и тройчатки из соответствующего числа стержней с нанизанными на них камешками-бусинами; голубцы, напоминающие по силуэту птицу или двух птиц, повернутых друг к другу спинками; орлики с подвесками в виде птиц; шляпочные серьги, прикреплявшиеся к головному убору; бубенчики с камнями крупного размера в центре.

Помимо колец и серег на Руси любили носить браслеты, а также мониста, ожерелья из жемчуга и разнообразные цепи, которые делали или только из металла, или в сочетании металла с камнями и эмалью. Особую разновидность цепей составляли рясы, или рясны, — низанные из жемчуга длинные нити или ленты.

Ювелирные изделия древнерусских мастеров поражают не только разнообразием форм, но и многочисленностью используемых ювелирных техник: здесь скань и зернь, литье и чеканка, чернение по серебру.

Украшения часто декорировались или эмалью, или неграненными камнями, которые, как правило, обрабатывали в форме кабошонов. В ювелирных изделиях русских мастеров до 18-го века нередко использовался местный речной жемчуг и самоцветы из Византии, Средней Азии и Китая. Из Индии, Бирмы, с острова Цейлон попали на Русь красные рубины, вишневые гранаты, розовые турмалины и васильковые сапфиры. Бирюзу привозили из Персии, изумруды — из Египта.

В 16–17-м веках, в связи с расширением и усилением Русского государства, появился новый, более широкий круг заказчиков на ювелирные изделия: это были, в первую очередь, царская семья, ее ближайшее окружение, столичное боярство, а также многочисленное дворянство и растущее городское население, высшие иерархи церкви. В художественном оформлении ювелирных работ этого времени отмечается большая пышность, исключительная роскошь. Яркие драгоценные камни тонко гармонируют с золотом и серебром, самоцветы обрамляются чеканными, черненными или цветными эмалевыми элементами.

Начало 18-го века — великая веха русской истории. Политические, экономические и культурные преобразования, проведенные Петром I, значительно изменили облик России. Она перестраивалась, приобщаясь к общеевропейским традициям. Существенные перемены, которые начал претерпевать в петровскую эпоху русский быт, сказались и на ювелирном искусстве. Само слово „ювелир“, привычное нам сейчас, пришло в начале 18-го века на смену старому русскому названию „золотых и серебряных дел мастер“. Европеизированное название „ювелир“ явилось не простой заменой одного термина другим, а стало показателем тех новых тенденций, которые связаны с новыми европейскими веяниями в русской жизни, культуре и искусстве.

В 1700 году указом Петра I был введен новый, обязательный для ношения дворянством костюм на западноевропейский манер. Новый костюм потребовал и новых украшений. Среди русских ювелирных изделий впервые появились броши, диадемы, пряжки для обуви и платьев, запонки, широко распространенные в это время в Европе.

Главное в ювелирных украшениях 18-го века — драгоценный камень. Помимо традиционных для древнерусского искусства камней, которые теперь обязательно гранились, стал использоваться „царь“ камней — бриллиант. С этого момента он надолго занял первое место в иерархии ценностей ювелирных изделий. С начала века под протекцией Петра I начинается освоение месторождений самоцветов на Урале и Алтае, где открываются гранильные фабрики.

На протяжении 18-го века для работы в России нередко приприглашались опытные иностранные мастера-ювелиры, такие, как Иеремия Позье, Жан Пьер Адор, Иоганн Готтлиб Шарф и другие. Но постепенно стали появляться и русские ювелиры, работавшие в русле общеевропейских традиций, прежде всего французских. В моду входят новые виды украшений с французскими названиями: фермуар — особо украшенная застежка на ожерелье или шейном украшении, шатлен — украшение для пояса с набором мелких предметов и украшений на цепочках, эгрет — шпилька с перьями и камнями, портбукет — маленькая вазочка у пояса для живых цветов или их имитации из золота и драгоценных камней.

Для стилистики барокко, рококо, классицизма, в рамках которых развивалось ювелирное искусство 18-го века, было характерно цветовое и композиционное акцентирование камня как главного элемента ювелирного украшения; закрепку камней всячески старались скрыть. Подбор граненных камней во времена барокко отличался особой красочностью и многоцветием. Рококо привнесло в украшения всевозможные подвесные элементы, сгармонированную палитру камней и некоторое выравнивание их величины. Украшения классицизма спокойнее, менее яркие. Часто вместо цветных камней в это время использовали стекло с подложенной фольгой. Элементы стилизации драгоценных камней допускались и в дорогих украшениях: в 18-м веке появились тульские стальные „бриллианты", а также стразы — имитация стеклом бриллиантов. Металл же в украшениях этого времени играл явно второстепенную роль, он был необходим только как элемент конструкции.

18-й век в русском ювелирном искусстве можно по праву назвать веком блистающей красоты драгоценных камней. Граненные драгоценные камни и обработанные уральские самоцветы главенствовали в ювелирном украшении этого периода, создавали его зрительный образ: сверкающее, яркое, многоцветное или изысканно холодное, строгое, завораживающее игрой граненных алмазов.

Ювелирное искусство России 19-го века продолжило художественные и технические традиции предшествующих веков. Наряду с вещами, имевшими традиционно раритетный характер,русские ювелирные украшения пополнились широким ассортиментом более дешевых и массовых изделий. Значительное увеличение количества ювелирных украшений, а в дальнейшем и их массовое производство стали одним из главных отличительных признаков 19-го века. Это было обусловлено тем, что в России в это время создание тех или иных ювелирных украшений стала инициировать мода. А так как мода менялась сравнительно быстро, то и потребность в новых ювелирных изделиях постоянно сохранялась. На смену классицизму и ампиру с их диадемами, брошами-заколками, камеями и медальонами пришли украшения, рожденные стилистикой романтизма, который обратился к наследию предшествующих веков, использовал и свободно трактовал как европейские, исторические стили, так и восточные мотивы. Появились модное украшение „ферроньерка" (цепочка с камнем в оправе, для ношения на голове), а также разнообразные гребни, броши, парные браслеты. Романтизм, оказавший сильное влияние на художественно-эстетические вкусы русского общества в целом, в искусстве ювелирных украшений привел к тому, что их стилистика формировалась под воздействием сразу нескольких стилей прошлого. В одном ювелирном изделии достаточно эклектично соединялись разнородные конструктивные и декоративные элементы. Подобные подходы и требования к эстетике ювелирных предметов со стороны российского потребителя и заказчика полностью совпадали с общеевропейскими установками на ювелирное искусство.

К середине 19-го века в России во всех видах искусства огромную популярность стал приобретать „русский стиль" — национальное направление общеевропейского стиля „историзм". Ювелиры тоже стремились привнести, выразить национальный мотив в теме, в композиции, даже в выборе материала для того или иного ювелирного изделия. Именно „русский стиль" снова сделал модным в ювелирных украшениях русский речной северный жемчуг.

Излюбленным декоративным элементом ювелирных изделий стали и натуралистически изображенные насекомые. Появилось огромное количество всевозможных подвесов, кулонов, брошей, декорированных изображениями жуков, пауков, мух, выполненных в виде литых золотых накладок, нередко дополнительно украшенных граненными драгоценными камнями. В шейных украшениях и браслетах столь же распространен был мотив свернувшейся змеи со сверкающими глазами-вставками из бриллиантов, изумрудов, гранатов.

Широко применялось сочетание больших поверхностей металла (как правило, золота) с разноцветной эмалью, с драгоценными камнями, а также с поделочными камнями Урала: яшмой, малахитом, родонитами. Стремление имитировать массивность изделия из золота привело к появлению золотых ювелирных изделий из так называемого „дутого золота", когда сохранялся зрительный эффект массивности вещи при ее небольшом весе, что определяло и относительно невысокую стоимость подобных ювелирных изделий.

Появление в России в 19-м веке национальных кадров

художников и мастеров-ювелиров, создание целой отрасли ювелирного производства и системы обучения ювелирному делу сделали возможным образование, наряду с небольшими мастерскими по изготовлению ювелирных украшений, крупных русских ювелирных фирм, таких, как „Сазиков“, „Хлебников“, „Овчинников“, „Фаберже“ и т. д. Именно эти фирмы способствовали демократизации ювелирных изделий. Пользуясь новыми технологиями, имея своих художников по разработке эскизов украшений, эти фирмы могли изготовлять и дорогие заказные вещи и одновременно выпускать довольно широкий ассортимент достаточно стильных ювелирных изделий, рассчитанных на различные покупательские возможности.

В целом же индустриализация ювелирного производства в конце 19-го века привела к определенному снижению художественного уровня массовых ювелирных украшений. Не все русские ювелирные фирмы смогли сочетать серийный характер производства предметов ювелирного искусства с высоким художественным и техническим уровнем их исполнения. Одной из российских ювелирных фирм, которой удалось добиться такого синтеза в своих изделиях, была знаменитая фирма Карла Фаберже, основанная еще в 1842 году, но и в начале 20-го века заслуженно остававшаяся самой популярной ювелирной фирмой в России. Фаберже собрал в своей фирме талантливых художников и высокопрофессиональных мастеров-исполнителей, что позволило создавать прекрасно задуманные и технически безупречно выполненные изделия: от известных во всем мире императорских пасхальных сувениров до простых серебряных портсигаров, от великолепной малой анималистической скульптуры до рядовых столовых приборов.

После первой мировой войны тенденция индустриализации художественной промышленности продолжала нарастать. На Западе массовому потоку стандартных изделий противостоял художник как творец, как законодатель стиля и моды. Например, можно было заказать уникальное украшение от Картье, Тиффани или Ван Клифа. В ряде стран Западной Европы и США появились творческие объединения и группы художников, которые выступили с новой эстетикой прикладного искусства, учитывавшей промышленный характер его тиражирования. Эстетику функционализма проводила Высшая школа строительства и конструирования „Баухауз“ (Германия) с конца 1910 до начала 1930 годов, впоследствии представители этой школы работали в Америке. Эта школа, а также объединения „Де Стиль“ и „Эспри Нуво“ дали новый толчок разработке ювелирных украшений для тиражирования в промышленности. Американское же движение в области искусств и ремесел предложило целую систему обучения и подготовки профессиональных кадров для различных видов промышленного дизайна.

В России развитие ювелирного искусства после 1917 года пошло по особому пути. Известные до революции ювелирные фирмы перепрофилировались на производство по переработке драгоценных металлов и камней для технических целей. Так, в 1918 году на бывшей фабрике Хлебникова, некогда блиставшего наравне с Фаберже, открыли платиновый завод для электротехнической промышленности. Гордость русского камнерезного искусства, Колыванский завод перешел на выпуск точильных брусков. Однако вскоре реальная жизнь внесла свои коррективы. Потребность в ювелирных изделиях не исчезла. Новая экономическая политика, пришедшая на смену „военному коммунизму" и связанная с активизацией частного предпринимательства, привела к бурному всплеску мелкого кустарного производства ювелирных украшений. Но в конце двадцатых годов государство полностью монополизировало всю промышленность и мелкое производство, установило монополию на работу с драгоценными металлами и драгоценными камнями, что резко сократило производство украшений. Но те ювелирные изделия, которые появлялись в это время, были в основном выполнены по дореволюционным образцам. Подобное копирование, да еще крайне ограни- ченное, не только не способствовало процессу творческого развития ювелирного искусства, но значительно сужало, обедняло количество технических приемов, накопленных в дореволюционный период. Относительно благополучно удалось пережить эти тяжелые времена таким традиционным центрам кустарных промыслов, как село Красное-на-Волге (сканные ювелирные изделия), Великий Устюг (черневые работы по серебру), Ростов Великий (финифть), Бронницы (кольчужное плетение). Несмотря на то, что украшения практически полностью исчезли из ассортимента подобных центров, производство других предметов утилитарно-бытового характера продолжалось. Мастера сумели сохранить технические навыки своего ремесла.

В середине тридцатых годов, впервые после продолжительного перерыва, Костромской ювелирной артелью была выпущена первая небольшая партия позолоченных серебряных изделий. Этот факт возобновления работы с традиционными драгоценными металлами явился началом процесса возрождения ювелирной промышленности в России, который растянулся до середины пятидесятых годов. В конце 1940-х —

начале 1950-х годов на базе небольших мастерских в Москве, Санкт-Петербурге (Ленинграде), Екатеринбурге (Свердловске) и других городах стали открывать ювелирные фабрики. На новые ювелирные производства пришли первые художники, которые имели профессиональное образование в области прикладного искусства. Правда, в то время в России не было ни одного ВУЗа по подготовке художников-ювелиров. Тем не менее проектированием промышленных ювелирных изделий теперь занимались люди, получившие общие специальные методологические навыки художественного конструирования, а не ремесленники, как правило автоматически копировавшие старые образцы. Основную долю в продукции этих фабрик заняли украшения из золота, бриллиантов и других драгоценных камней.

Параллельно с развитием ювелирной промышленности рос и интерес людей к изделиям ювелиров. Однако в массовом сознании понятие „ювелирное искусство“ ассоциировалось прежде всего со старинными украшениями, хранящимися в музеях. Новые же изделия, которые продавались в ювелирных магазинах, воспринимались скорее как символы материального достатка и жизненного благополучия.

В середине пятидесятых годов в мировом и отечественном ювелирном искусстве начались важные процессы, обусловившие его развитие в последующие десятилетия. Как реакция на засилье серийной промышленной продукции, консервативно ориентированной на образцы конца 19-го — начала 20-го века, возникает авторское ювелирное искусство.

Основная цель этого искусства — творческое самовыражение художника, создающего ювелирное изделие. При этом он волен обращаться к любому материалу, использовать любые приемы его обработки, искать любые конструкторские решения для раскрытия и реализации своего творческого замысла. Произведения авторского ювелирного искусства — это уникальные, единичные предметы. Они не рассчитаны на тиражирование, хотя отдельные творческие идеи и находки могут быть впоследствии адаптированы к задачам массового производства. Авторские ювелирные украшения могут использоваться по своему утилитарному, функциональному назначению, однако основная среда их „обитания“ — это музей, галерея, выставочный зал.

Одним из пионеров в этой области был художник из Дюссельдорфа Фридрих Беккер, признанный сейчас классиком ювелирного искусства 20-го века. Он начал смело конструировать новые формы ювелирного предмета, что привело его к экспериментам в области кинетического ювелирного искусства.

В это же время аналогичные поиски начались и в бывшем СССР. Первопроходцами здесь были республики Прибалтики, занявшие ведущее положение в советском авторском ювелирном искусстве в конце 1950-х — 1960-е годы. Особая роль принадлежала Эстонии. Таллиннский государственный художественный институт был в те годы единственным на территории бывшего СССР ВУЗом, в котором обучали профессиональных художников-ювелиров. Прибалтийскую школу ювелирного искусства отличал высоко профессиональный методологический подход к созданию ювелирного предмета. Если автор обращался к национальной тематике, орнаментике или символике, он никогда не копировал и не компилировал кусочки прошлого, а старался передать взгляд сегодняшнего человека на прошлое. Не менее ценным было и другое направление — смелые эксперименты с формой и материалом.

Отдельные работы российских ювелиров начали экспонироваться как произведения искусства с 1947 года, когда на Всесоюзной художественной выставке были продемонстрированы украшения Марии Тоне. Со второй половины 1950 годов в экспозициях выставок стали встречаться уже изделия многих мастеров, творчество которых знаменовало рождение российского авторского ювелирного искусства. Все эти художники не порывали связей с производством: Мария Тоне, Зинаида Зенкова, Сергей Буданов работали в НИИ художественной промышленности в Москве; Вера Поволоцкая и выпускница Таллиннского художественного института Ютта Паас-Александрова — в объединении „Русские самоцветы“ в Санкт-Петербурге (Ленинграде); Владислав Храмцов и Владимир Устюжанин — на Екатеринбургском (Свердловском) ювелирном заводе; Таисия Чистякова — на Московском комбинате Художественного фонда Союза художников.

Как и для представителей станковых видов искусства, конец пятидесятых — первая половина шестидесятых годов были для художников-ювелиров во многом периодом освоения традиций. Они ощущали потребность пропустить через личный творческий опыт те технические приемы и эстетические идеи, которые были накоплены искусством прошлого. Позднее художник-ювелир Таисия Чистякова вспоминала, что московские ювелиры старшего поколения начали заново осваивать ювелирное дело в 1960-е годы: „Мы работали тогда на подлинниках в Историческом музее... Стилистически мы прошли путь освоения традиций от Древней Руси через барокко, ампир, модерн...“

Тем не менее уже в шестидесятые годы можно было выделить ряд художников авторского ювелирного искусства со сложившимся творческим почерком. Мария Тоне, Зинаида Зенкова и Сергей Буданов в своем творчестве часто обращались к наследию национальных традиций. Например, Зинаида Зенкова в своих ювелирных изделиях широко варьировала технику скани; для Буданова на долгие годы основным декоративным компонентом в украшениях стал природный камень в конструктивном металлическом обрамлении. Мария Тоне, творчески преломляя народные и национальные традиции в проектировании ювелирных предметов, создавала работы, традиционно узнаваемые по образному выражению и форме и современные по звучанию. Изделиям Ютты Паас-Александровой была присуща оригинальная манера, талантливо соединившая элементы этнографии, народного искусства, образной фантазии и нового формотворчества, связанного со стилистикой дизайна. Украшения Веры Поволоцкой и Инессы Бешенцевой отличались простотой и монументальностью форм, характерными для искусства начала шестидесятых годов.

Творческие достижения этих и ряда других художников способствовали тому, что авторское ювелирное искусство получило общественное признание и приобрело общественный статус. В 1964 году на выставке „Советская Россия" впервые был представлен самостоятельный раздел авторских ювелирных произведений. Зримые успехи художников, создававших авторские ювелирные украшения, рост общественного интереса к их творчеству способствовали тому, что художники-ювелиры в 1964 году были приняты в члены Союза художников и в том же году в секции декоративно-прикладного искусства была создана подсекция ювелирного искусства.

К этому времени сложились четыре достаточно автономных пласта изготовлений современных ювелирных украшений в России. Первый — ювелирное искусство народных художественных промыслов. Это, как правило, ювелирные изделия, выполненные в национальных традициях с использованием техники скани и зерни, из недрагоценных металлов с покрытием в виде оксидирования серебром. Второй — ювелирная промышленность, выпускавшая магазинные массовые украшения из золота, серебра, драгоценных, полудрагоценных и поделочных камней, цена которых зависит не столько от их художественного уровня, сколько от стоимости материалов, пошедших на их изготовление. Третий пласт — работы многочисленных самодеятельных мастеров, изготавливающих украшения. Это, как правило, недорогие работы эпигонского характера, удовлетворяющие невзыскательный вкус определенных слоев населения. И, наконец, четвертый пласт — авторское ювелирное искусство.

Необходимо отметить, что российское авторское ювелирное искусство с самого начала имело одну особенность. Вследствие государственной монополии на работу с драгоценными металлами и камнями авторское ювелирное искусство было лишено возможности использовать основные традиционные ювелирные материалы. Для многих художников, в особенности старшего поколения, этот запрет существенно мешал реализации их творческого потенциала. В то же время подобная ситуация заставила художников-ювелиров искать нетривиальные пути выхода из сложившегося положения, что во многом определило облик авторского ювелирного искусства последующих десятилетий.

Художники обратились в своем творчестве к созданию конструктивной формы изделия, пошли от идеи к материалу, осваивая такие новые, современные материалы, как титан, сталь, пластмассы, синтетическое стекло. Ограничение возможности работы с традиционными для ювелирного искусства материалами и, следовательно, с традиционными техниками направило интерес художников к формотворчеству, связанному с новой эстетикой дизайна.

В семидесятые годы авторское ювелирное искусство в России представлено уже несколькими десятками имен художников. Рядом с „ветеранами"-первопроходцами активно работают представители нового поколения: Наталья и Геннадий Быковы, Владимир Гончаров, Феликс и Ольга Кузнецовы, Дмитрий Попов и многие другие, окончившие высшие художественно-промышленные училища Москвы и Санкт-Петербурга. С самых первых шагов они поставили перед собой четкие задачи и ориентиры, сформулированные впоследствии Феликсом Кузнецовым: „Ювелирное искусство — такое же правомочное сред- ство отображения жизни, как и другие виды искусства. Программная неизобразительность, широчайший спектр технологий и материалов, большой диапазон фантазирования и эксперимента определяют своеобразие современного ювелирного искусства. Традицию можно воспринять на уровне структурного подхода, но не конкретно-формальных связей".

Действительно, новации этих художников проявились уже в их первых работах. Если их предшественники формировали образ ювелирного украшения, отталкиваясь от природных качеств, возможностей материала, нередко используя в своих работах камень, то теперь авторы, строя свои образные решения, смело экспериментировали с конструкцией изделия.

Ювелирное искусство пополнилось в эти годы многими новыми темами и методологическими подходами. Владимир Гончаров и Феликс Кузнецов разработали целую серию миниатюрной ювелирной пластики в виде колец. Дмитрий Попов решал современные образно-пластические задачи в украшениях, используя несколько видов недрагоценных металлов. Наталья Быкова впервые экспонировала комплекты ювелирных изделий с использованием флорентийской мозаики. Татьяна Макиевская в своих украшениях стремилась к воссозданию детально точных миниатюрных копий различных бытовых предметов, цветов и т. п.

Авторское ювелирное искусство семидесятых годов вызвало большой интерес зрителей и критики и породило весьма разноречивые оценки. Разгорелись споры вокруг понятия „традиционного" и „авангардного". Последним сразу же стали обозначать любое произведение, не похожее на общепринятые образцы. Это противопоставление, как видится сегодня, было во многом надуманным и заидеологизированным. „Традиционное" априорно считалось либо положительным, либо откровенно ретроградным, а „авангардное" — или идейно сомнительным, или революционным. Все зависело от идеологических позиций человека. В действительности проблема была и проще, и сложнее. Современное искусство — это прежде всего искусство творческих индивидуальностей. Столь же индивидуально и отношение художников к искусству прошлого. Связи их творчества с традицией могут быть очень разнообразными, разноуровневыми, вплоть до последовательного программного отрицания таких связей вообще. Единственным бесспорным оценочным критерием здесь можно считать только то, насколько точно и убедительно удалось автору реализовать свой замысел, т. е. художественное качество вещи.

Столь же бурная полемика велась и по поводу „выставочности" и „утилитарности". Рядовые посетители выставок, да и некоторые профессионалы относились к экспозициям авторского ювелирного искусства как к некоему салону образцов, в котором они мысленно примеряли показанные работы к своему личному гардеробу. Это порождало обвинения в том, что художники не думают об утилитарном назначении ювелирного искусства, забывают о человеке. Но ювелирная промышленность соотносится с авторским ювелирным искусством примерно так же, как производство модной одежды с „высокой модой". Современные модельеры часто создают костюмы, которые заведомо не могут существовать в бытовой ситуации. Однако предложенные ими в этих экстравагантных и непрактичных изделиях общие конструктивные идеи, силуэты, сочетания материалов и т. п. нередко используются впоследствии промышленностью, которая адаптирует их уже по своим законам. Точно так же и авторское ювелирное искусство оказывает влияние на те украшения, которые носят в быту. К тому же нельзя забывать, что и само понятие утилитарности довольно расплывчато. Имеет ли ювелирное изделие утилитарную функцию — зависит и от личных вкусов, и от степени экстравагантности человека.

Новые направления в авторском ювелирном искусстве появились в начале восьмидесятых годов, когда впервые были экспонированы на выставках в Санкт-Петербурге ювелирные объекты и ювелирная пластика. Эти экспозиции привлекли внимание художников всех поколений. Для многих из них станковое ювелирное произведение стало важной формой творческого выражения. Суть этого явления Дмитрий Попов охарактеризовал так: „В произведениях ювелирного искусства и ювелирной пластике мы имеем дело с функциональностью высшего порядка, самоценностью предмета материальной культуры, качествами станкового искусства“. Ювелирные объекты или миниатюрные скульптуры, выполненные в ювелирной технике, не являясь украшениями в буквальном смысле, несли в себе идею ювелирного украшения. Эту идею автор при необходимости выражал потом во вполне утилитарных украшениях.

В это время к числу уже известных авторов присоединились Вера и Владимир Наумовы, Александр Каменский, Геннадий Ленцов, Вера Фонтон, Андрей Васин и другие. Продолжали активно работать и художники старшего и среднего поколений, причем ничуть не уступая в новациях молодым. Пример тому украшения Марии Тоне и Ирины Карахан, построенные на деликатном сочетании традиций и острых современных форм.

В геометрическом стиле предлагает несколько серий украшений Феликс Кузнецов. Украшения с использованием оптических эффектов стекла разрабатывают Владимир Гончаров и Геннадий Ленцов. Предметы с изысканным сочетанием черного дерева и серебра создает Александр Каменский. Международное признание получают броши оригинальной конструкции из цветного оксидированного титана Ольги Кузнецовой.

В целом восьмидесятые годы — это период зрелости авторского ювелирного искусства России. Оно выделилось как самоценный раздел искусства, обладающий своим оригинальным языком и живущий самостоятельной жизнью.

Художникам стала свойственна внутренняя раскованность, свобода владения материалом. Они находят смелые, почти рискованные образные и конструктивные решения. В это время окончательно оформились крупные российские центры авторского ювелирного искусства: Москва, Санкт-Петербург, село Красное-на-Волге, Кострома, Екатеринбург, Ростов (Ярославский) Великий, Ярославль, Устюг Великий.

Несмотря на то, что на протяжении многих лет авторские работы ювелирного искусства демонстрировались на разнообразных выставках, специализированных, чисто ювелирных экспозиций было мало, и проводились они нерегулярно. С 1985 года они стали традиционными в стенах Всероссийского музея декоративно-прикладного и народного искусства, который осуществляет выставочную программу по пропаганде современного авторского ювелирного искусства и его истории. Первые две экспозиции были посвящены работам московских художников-ювелиров, в дальнейшем в залах музея демонстрировались произведения мастеров всех регионов России и республик бывшего Советского Союза, а с 1989 года эти выставки получили международный характер.

К началу девяностых годов завершился выход российских художников-ювелиров на международную арену. Впервые мастера из России приняли участие в международной выставке бижутерии в чешском городе Яблонец-над-Нисау двадцать лет назад, а затем — в квадриеннале художественных ремесел стран социалистического содружества в Эрфурте (Германия), международных практических эмальерных семинарах в Кечкемете (Венгрия) и т. д. Сейчас ювелиры России — полноправные участники мирового ювелирного процесса, их творчество получило признание и высокую оценку во многих странах.

Сегодня ювелирное искусство России — это калейдоскоп имен, манер, стилей, это возможность заглянуть в завтрашний день одного из старейших видов искусства.

■

ИЛЛЮСТРАЦИИ
ILLUSTRATIONS

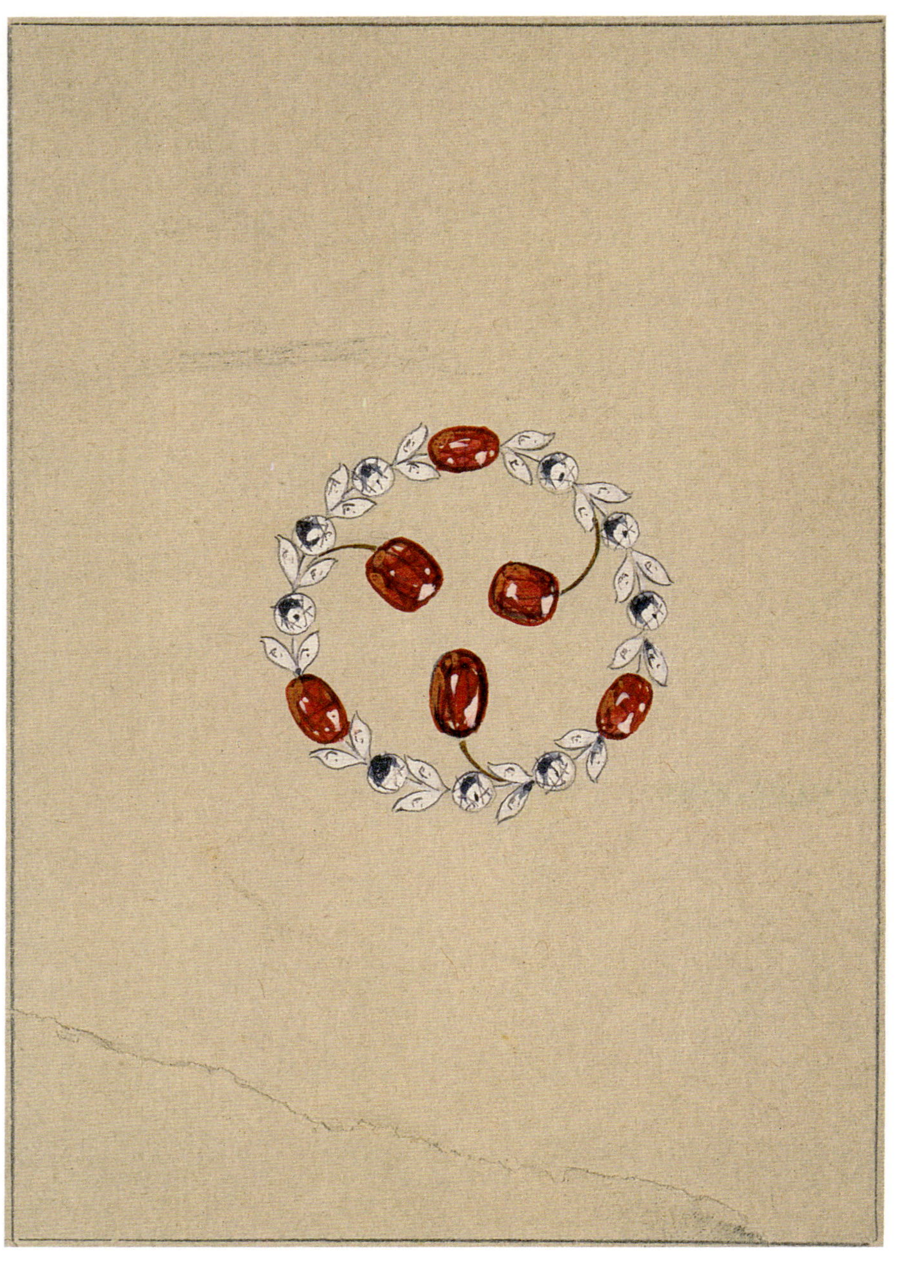

1

Эскиз броши с рубинами и бриллиантами
Фирма Фаберже
Начало 20-го века
Картон, гуашь

Sketch of Brooch with Rubies and Brilliants
Firm of Fabergé
Early 20th Century
Cardboard, gouache

7.6 x 10.8

2

Эскиз броши с рубинами и бриллиантами
Фирма Фаберже
Начало 20-го века
Картон, гуашь

Sketch of Brooch with Rubies and Brilliants
Firm of Fabergé
Early 20th Century
Cardboard, gouache

6.9 x 10.8

3

Эскиз двух браслетов с рубинами и бриллиантами
К.Фаберже
Начало 20-го века
Картон, гуашь

Sketch of Two Bracelets with Rubies and Brilliants
C. Fabergé
Early 20th Century
Cardboard, gouache

24.0 x 8.2

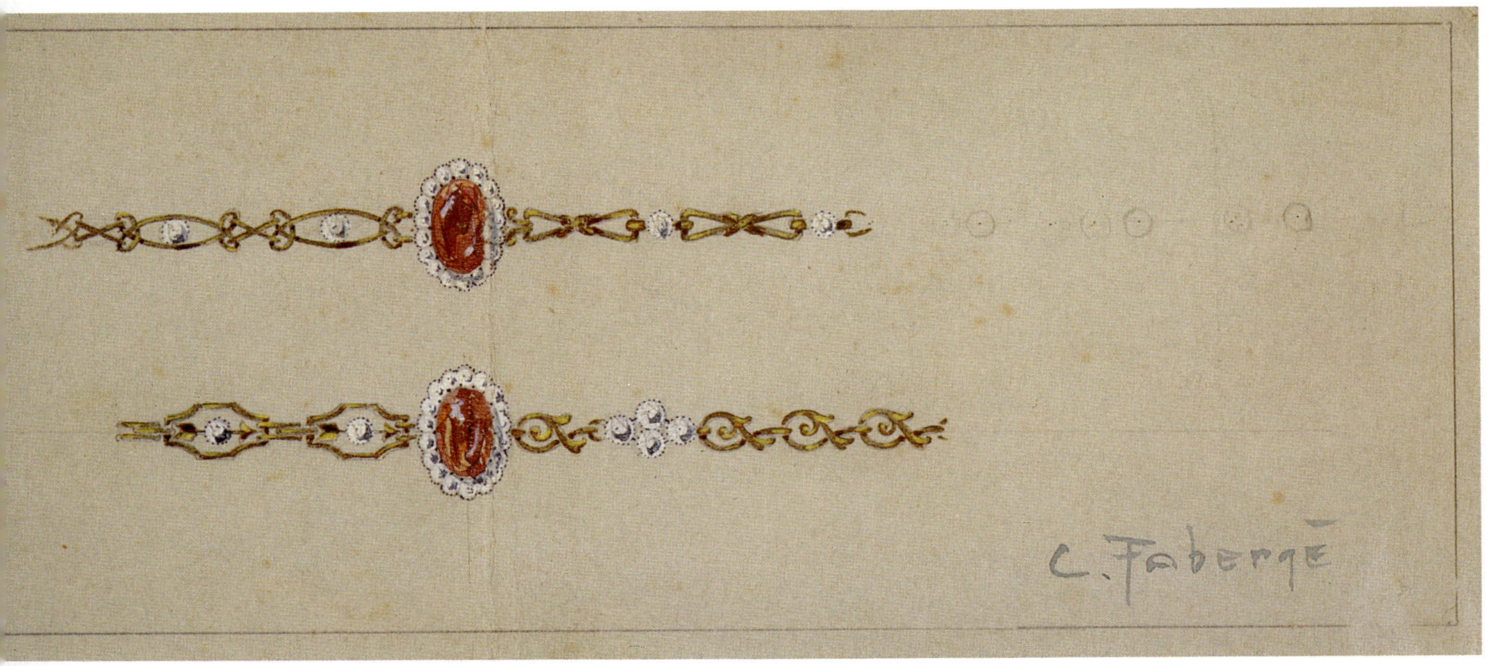

4

Браслет	Bracelet
Санкт-Петербург	**St. Petersburg**
1850-е гг.	**1850s**
Золото, серебро, алмазы, эмаль, стекло, фольга, гравировка	Gold, silver, diamonds, enamel, glass, foil, engraving

1.8 x 23.0 x 3.5

5

Фрагмент браслета (к № 4)	Detail of Bracelet (No 4)

6

Браслет	**Bracelet**
Санкт-Петербург	**St. Petersburg**
1860-е гг.	**1860s**
Золото, агат, сердолик, обсидиан, яшма, известняк	Gold, agate, carnelian stone, obsidian, jasper, limestone

0.5 x 19.5 x 2.4

7

Булавка	**Pin**
Россия. 1864	**Russia. 1864**
Золото, перламутр, эмаль	Gold, mother-of-pearl, enamel

0.6 x 7.3 x 1.6

47

48

8

Медальон с цепью **Россия. Конец** **19-го века** Золото, бриллианты, алмазы, изумруд, эмаль	**Medallion with Chain** **Russia. End of the** **19th Century** Gold, brilliants, diamonds, emerald, enamel

1.3 x 3.0 x 6.3

9

Фрагмент **медальона с цепью** (к № 8)	**Detail of Medallion** **with Chain** (No 8)

	10	
Цепь		**Chain**
Россия. Вторая половина 19-го века		**Russia. Second half of the 19th Century**
Золото, серебро, чернь, гравировка, плетение, литье		Gold, silver, niello, engraving, armour work, casting
	0.6 x 31.5 x 2.1	

	11	
Брошь		**Brooch**
Россия		**Russia**
Начало 20-го века		**Early 20th Century**
Золото, изумруд, алмазы, шпинель, опалы		Gold, emerald, diamonds, spinel, opals
	1.4 x 6.0 x 4.2	

12

Брошь-кулон	**Pendant-Brooch**
Россия. Конец 19-го века	**Russia. End of the 19th Century**
Золото, серебро, бриллианты, алмазы, аметист, оксидирование	Gold, silver, brilliants, diamonds, amethyst, oxidation

1.0 x 6.8 x 2.0

13

Брошь
Россия. Конец 19-го века
Золото, бриллианты, алмазы, аметист

Brooch
Russia. End of the 19th Century
Gold, brilliants, diamonds, amethyst

1.0 x 3.7 x 2.5

14

Браслет
Москва. Фирма Немирова-Колодкина
Последняя четверть 19-го века
Золото, бриллианты

Bracelet
Moscow. Firm of Nemirov-Kolodkin
Last quarter of the 19th Century
Gold, brilliants

23.0 x 3.5 x 1.8

15

Браслет
Россия. Последняя четверть 19-го века
Золото, аметист, жемчуг

Bracelet
Russia. Last quarter of the 19th Century
Gold, amethyst, pearl

3.0 x 6.5 x 6.3

16

Браслет
Москва. 1910-е гг.
Золото, хризолиты

Bracelet
Moscow. 1910s
Gold, chrysolites

2.0 x 6.4 x 5.0

17

Брошь-кулон
Москва. 1908
Золото, хризолиты, стекло

Pendant-Brooch
Moscow. 1908
Gold, chrysolites, glass

1.0 x 7.5 x 3.5

57

18

Подвеска	Pendant
Москва	Moscow
1908–1917 гг.	Circa 1908–1917
Золото, гранаты	Gold, garnet

6.0 x 3.3 x 0.4

19

Подвеска	Pendant
Россия	Russia
1908–1917 гг.	Circa 1908–1917
Золото, серебро, бриллианты, жемчуг	Gold, silver, brilliants, pearl

2.7 x 3.4 x 0.5

20

Брошь-камея	**Brooch-Cameo**
Россия	**Russia**
Начало 20-го века	**Early 20th Century**
Золото, раковина, гравировка, резьба по раковине	Gold, shell, engraving, carving

1.1 x 5.8 x 4.1

21

Брошь-камея	**Brooch-Cameo**
Россия	**Russia**
Начало 20-го века	**Early 20th Century**
Золото, агат, скань, зернь, резьба по камню	Gold, agate, filigree, granulation, carving

1.0 x 4.7 x 5.8

22

Брошь	**Brooch**
Москва	**Moscow**
1899–1908 гг.	**Circa 1899–1908**
Золото, хризолиты	Gold, chrysolites

2.0 x 3.1 x 1.0

23

Шкатулка „Черепаха“	**“Tortoise” Box**
Санкт-Петербург	**St. Petersburg**
Фирма Фаберже	**Firm of Fabergé**
Мастер Михаил Перхин	**Workmaster Mikhail Perkhin**
1901–1903 гг.	**Circa 1901–1903**
Нефрит, золото, бриллианты, алмазы	Nephrite, gold, brilliants, diamonds

6.0 x 13.5 x 9.5

24

Сергей Буданов
Кольцо
„Золотая тайга“
1969
Серебро, кварц, оксидирование

Sergei Budanov
"Gold Taiga"
Ring
1969
Silver, quartz, oxidation

3.0 x 2.5 x 2.9

25

Владимир Гончаров, Феликс Кузнецов
Кольцо „Двойная спираль“. 1973
Сталь

Vladimir Goncharov, Felix Kuznetsov
"Double Spiral"
Ring. 1973
Steel

4.0 x 3.0 x 3.0

26

Владимир Гончаров, Феликс Кузнецов
Кольцо
„Кардинал“. 1969
Мельхиор, морион

Vladimir Goncharov, Felix Kuznetsov
"Cardinal"
Ring. 1969
German silver, morion

2.4 x 3.0 x 4.0

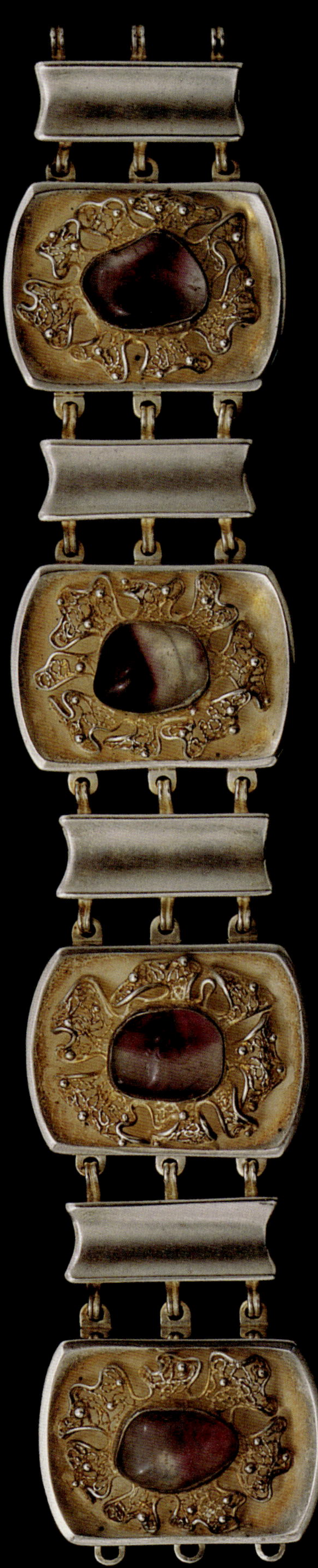

27

Владимир Гончаров, Феликс Кузнецов
Кольцо „Иероглиф“. 1975
Сталь, бронза

Vladimir Goncharov, Felix Kuznetsov
"Hieroglyph" Ring. 1975
Steel, bronze

2.5 x 2.0 x 2.5

28

Алексей Попов
Браслет „Эдельвейс“. 1975
Серебро, аметист, скань, зернь

Alexei Popov
"Edelweiss" Bracelet. 1975
Silver, amethyst, filigree, granulation

0.7 x 20.3 x 3.7

29

Евгений Сарыкин
Брошь „Бант"
1974
Серебро, жемчуг, бирюза, эмаль, скань, зернь, оксидирование

Evgeny Sarykin
"Ribbon" Brooch
1974
Silver, pearl, turquoise, enamel, filigree, granulation, oxidation

2.2 x 4.3 x 4.3

30

Инесса Бешенцева
Гривна из комплекта ювелирных украшений. 1975
Серебро, жемчуг, аметист, оксидирование

Inessa Beshentseva
Collar Decoration (old slavic "grivna") from the Parure. 1975
Silver, pearl, amethist, oxidation

0.4 x 22.2 x 14.0

31, 33	
Ютта Паас-Александрова	**Jutta Paas-Alexandrova**
Колье и кольцо из комплекта ювелирных украшений „Одуванчик“. 1976	**“Dandelion” Parure (necklace, ring) 1976**
Серебро, кварц, перламутр, зернь, оксидирование, фактурение	Silver, quartz, mother-of-pearl, granulation, oxidation, textural surface
1.3 x 8.2 x 25.5	
2.5 x 2.5 x 3.2	

32	
Иван Шедов	**Ivan Shedov**
Серьги „Калачи“ 1975	**“Kalachi” Ear-Rings 1975**
Серебро, скань, зернь	Silver, filigree, granulation
0.4 x 5.8 x 7.3	

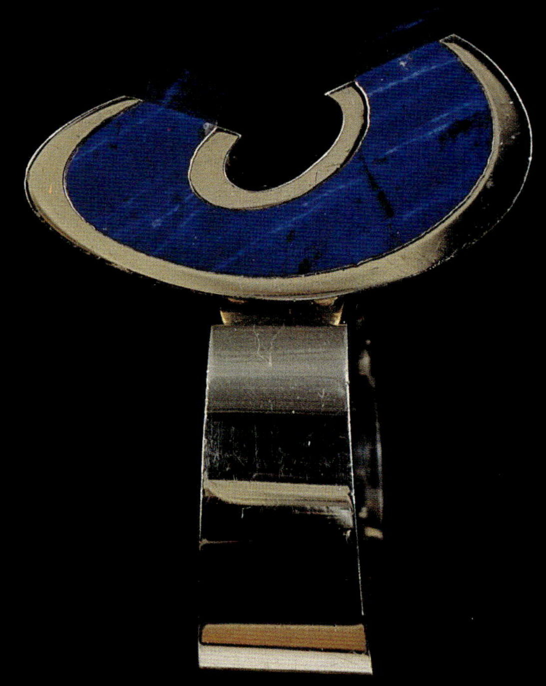

34
Михаил Борщевский
Кольцо „Космос"
1979
Никель, лазурит

Mikhail Borshchevsky
"Cosmos" Ring
1979
Nickel, lazurite

3.5 x 2.0 x 2.5

35
Вера Поволоцкая
Кольцо из комплекта ювелирных украшений „Байкал". 1977
Серебро, дымчатый кварц

Vera Povolotskaya
Ring from "The Baikal" Parure
1977
Silver, smoky quartz

3.0 x 3.5 x 2.8

36
Владимир Зотов
Колье „Легенда"
1977
Серебро, бирюза, гранат, морион, аметист, берилл

Vladimir Zotov
"Legend" Necklace
1977
Silver, turquoise, garnet, morion, amethyst, beryl

1.0 x 15.0 x 41.5

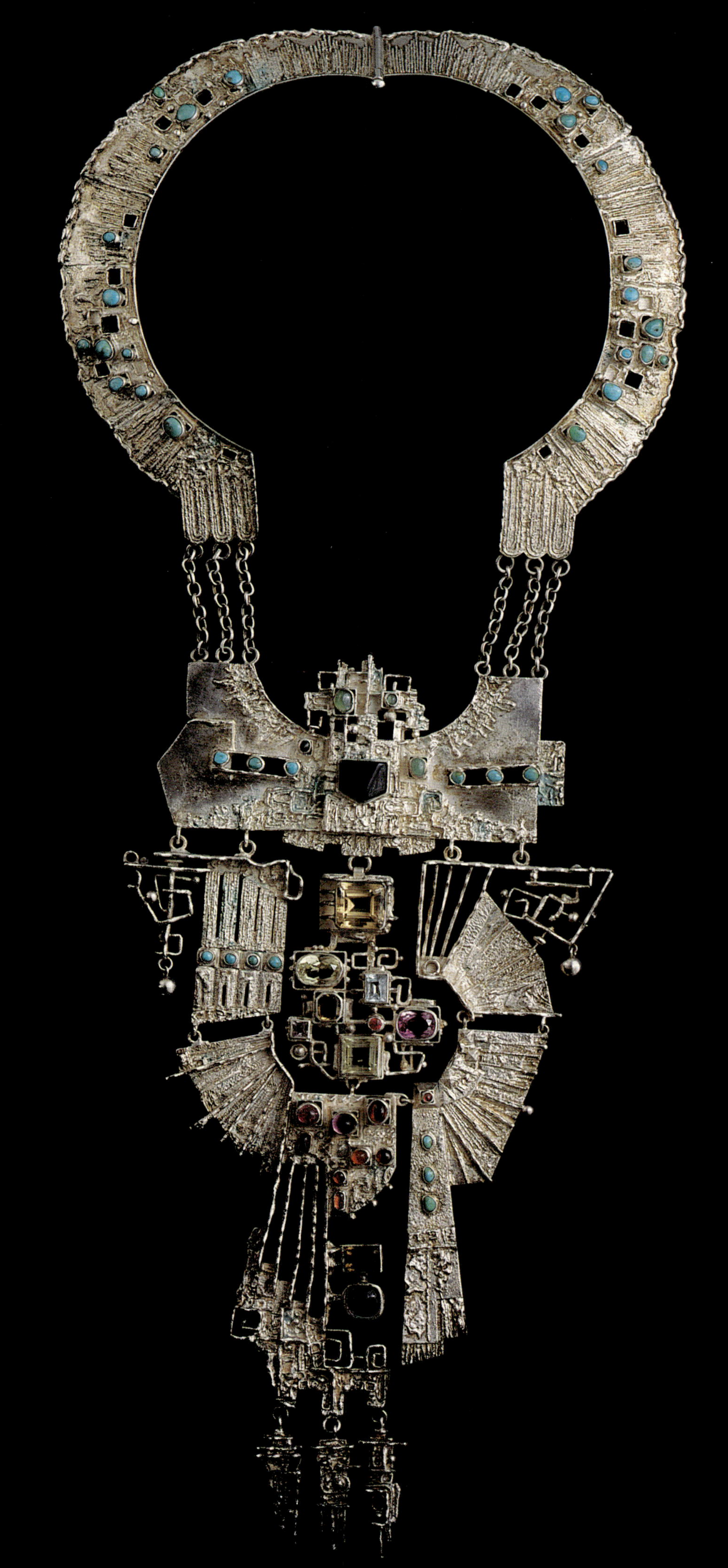

37–39

Юрий Савельев	Yury Savelyev
Комплект ювелирных украшений „Вечер": подвес, серьги, кольцо	"Evening" Parure (pendant, ear-rings, ring)
1977	1977
Мельхиор, дымчатый кварц, скань, зернь, оксидирование	German silver, smoky quartz, filigree, granulation, oxidation

2.0 x 4.6 x 4.3
5.1 x 2.4 x 2.0
3.3 x 2.0 x 3.4

40

Леокадия Подлубная	**Leokadiya Podlubnaya**
Шейное украшение „Русское“. 1977	**“Russian” Collar Decoration. 1977**
Серебро, мельхиор, коралл, перламутр, малахит	Silver, German silver, coral, mother-of-pearl, malachite

1.6 x 41.5 x 6.3

41

Нина Белякова	**Nina Belyakova**
Серьги. 1982	**Ear-Rings. 1982**
Серебро, жемчуг, скань, зернь	Silver, pearl, filigree, granulation

5.0 x 2.3 x 1.0

42

Нина Белякова	**Nina Belyakova**
Серьги. 1980	**Ear-Rings. 1980**
Мельхиор, коралл, скань, зернь, оксидирование	German silver, coral, filigree, granulation, oxidation

4.5 x 1.0 x 1.0

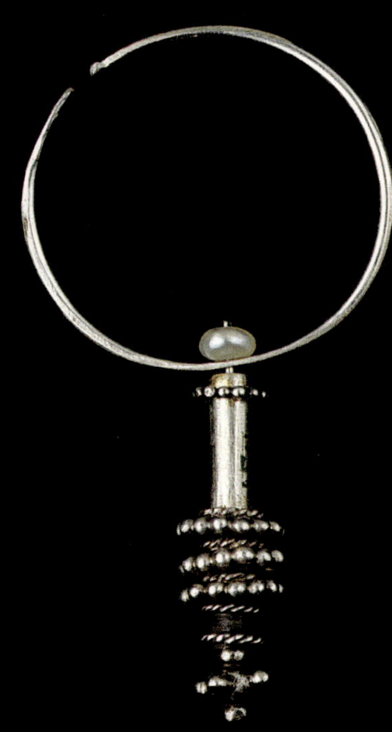

43

Любовь Коловангина (ювелир), Екатерина Щаницына (роспись) Брошь „Первый парень на деревне". 1979	**Lubov Kolovangina (jeweller), Ekaterina Shanitsina (painting) "Best Boy at the Village" Brooch. 1979**
Папье-маше, мельхиор, медь, сердолик, малахит, коралл, зернь, лак, темпера, золото, живопись	Papier mâché, German silver, copper, carnelian stone, malachite, coral, granulation, lacquer, tempera, gold, painting

1.3 x 8.8 x 6.7

44

Любовь Коловангина (ювелир), Раиса Смирнова (роспись) Серьги „Русская плясовая". 1977	**Lubov Kolovangina (jeweller), Raisa Smirnova (painting) "Russian Dance" Ear-Rings. 1977**
Папье-маше, мельхиор, медь, сердолик, малахит, коралл, зернь, лак, темпера, золото, живопись	Papier mâché, German silver, copper, carnelian stone, malachite, coral, granulation, lacquer, tempera, gold, painting

0.8 x 2.8 x 3.6

45
Вера Поволоцкая
Подвес из комплекта ювелирных украшений „Байкал“. 1977
Серебро, дымчатый кварц

46
Михаил Борщевский
Подвес „Сургут“ 1980
Никель, обсидиан

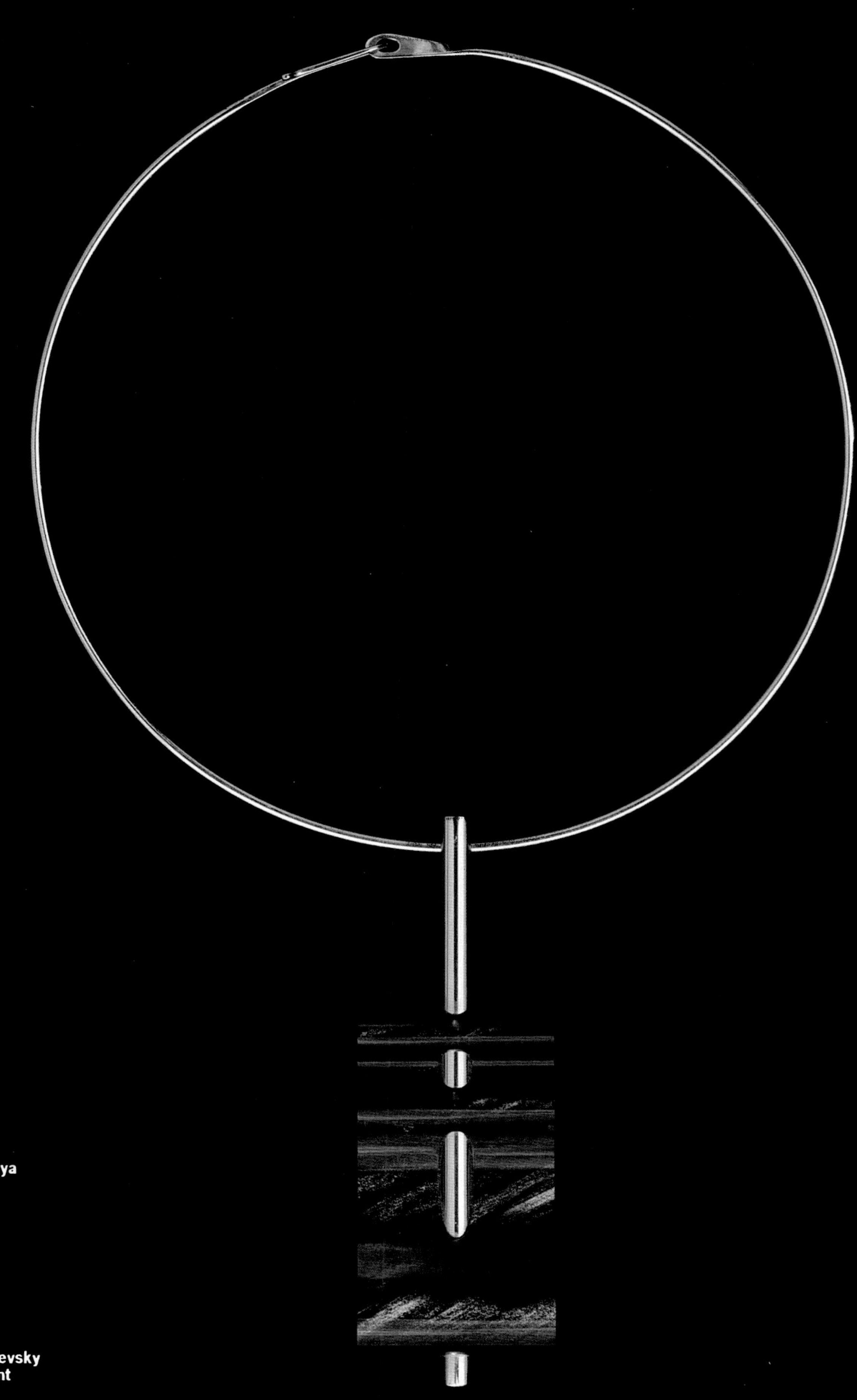

Vera Povolotskaya
Pendant
from
"The Baikal"
Parure
1977
Silver, smoky
quartz
0.7 x 19.3 x 12.6

Mikhail Borshchevsky
"Surgut" Pendant
1980
Nickel, obsidian
1.3 x 13.6 x 23.0

47

Татьяна Белкина	**Tatyana Belkina**
Цепь „Русь“. 1979	**"Rus" Chain. 1979**
Серебро, плетение, оксидирование	Silver, armour work, oxidation

2.5 x 40.5 x 5.0

48

Владислав Храмцов	**Vladislav Khramtsov**
Браслет „Урал“ 1979	**"The Ural" Bracelet 1979**
Мельхиор, яшма	German silver, jasper

0.9 x 21.0 x 3.5

49

Татьяна Тихомирова, Владимир Тихомиров
Браслет из комплекта ювелирных украшений „Калина красная". 1980
Нейзильбер, стекло, литье

Tatyana Tikhomirova, Vladimir Tikhomirov
Bracelet from the "Red is the Guelder Rose" Parure. 1980
Argenton, glass, casting

6.8 x 7.0 x 5.0

50

Людмила Борисова
Браслет. 1979
Медь,
мельхиор,
зернь,
оксидирование
7.0 x 9.0 x 3.5

Ludmila Borisova
Bracelet. 1979
Copper,
German silver,
granulation,
oxidation

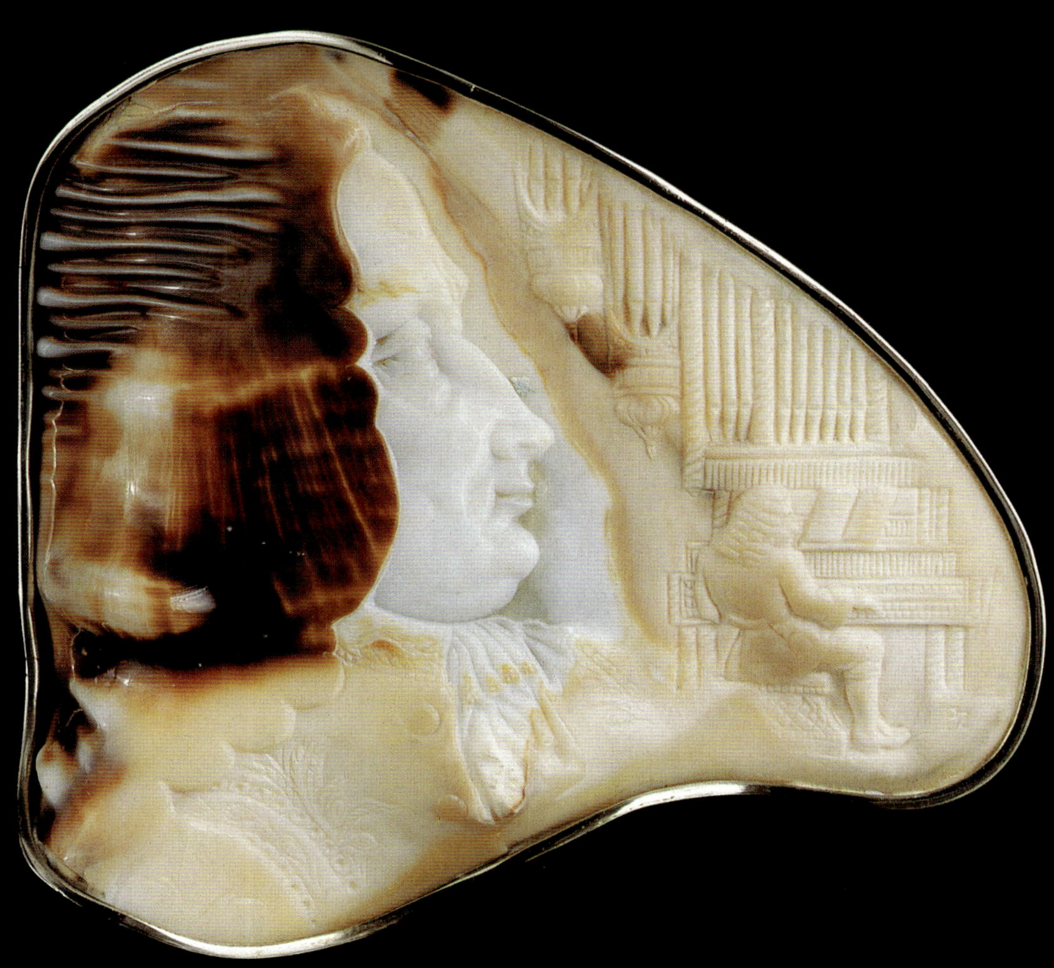

	51	
Олег Оркин		**Oleg Orkin**
Колье		**"Blossom"**
„Цветение". 1980		**Necklace. 1980**
Серебро, агат,		Silver, agate,
оксидирование		oxidation
	1.0 x 12.0 x 17.0	

	52	
Петр Зальцман		**Piotr Zaltsman**
Камея-миниатюра		**"I. S. Bach" Cameo**
„И.-С. Бах". 1981		**Miniature. 1981**
Раковина, нейзильбер,		Shell, argenton,
резьба		carving
	3.5 x 11.0 x 10.0	

53–55

Татьяна Макиевская Комплект ювелирных украшений „Чаепитие“: кулоны, брошь 1982	Tatyana Makievskaya “Tea- Drinking” Parure (pendants, brooch) 1982
Серебро, дымчатый кварц, литье, оксидирование	Silver, smoky quartz, casting, oxidation

4.1 x 3.1 x 2.2
2.9 x 2.4 x 1.0
3.6 x 4.7 x 1.7

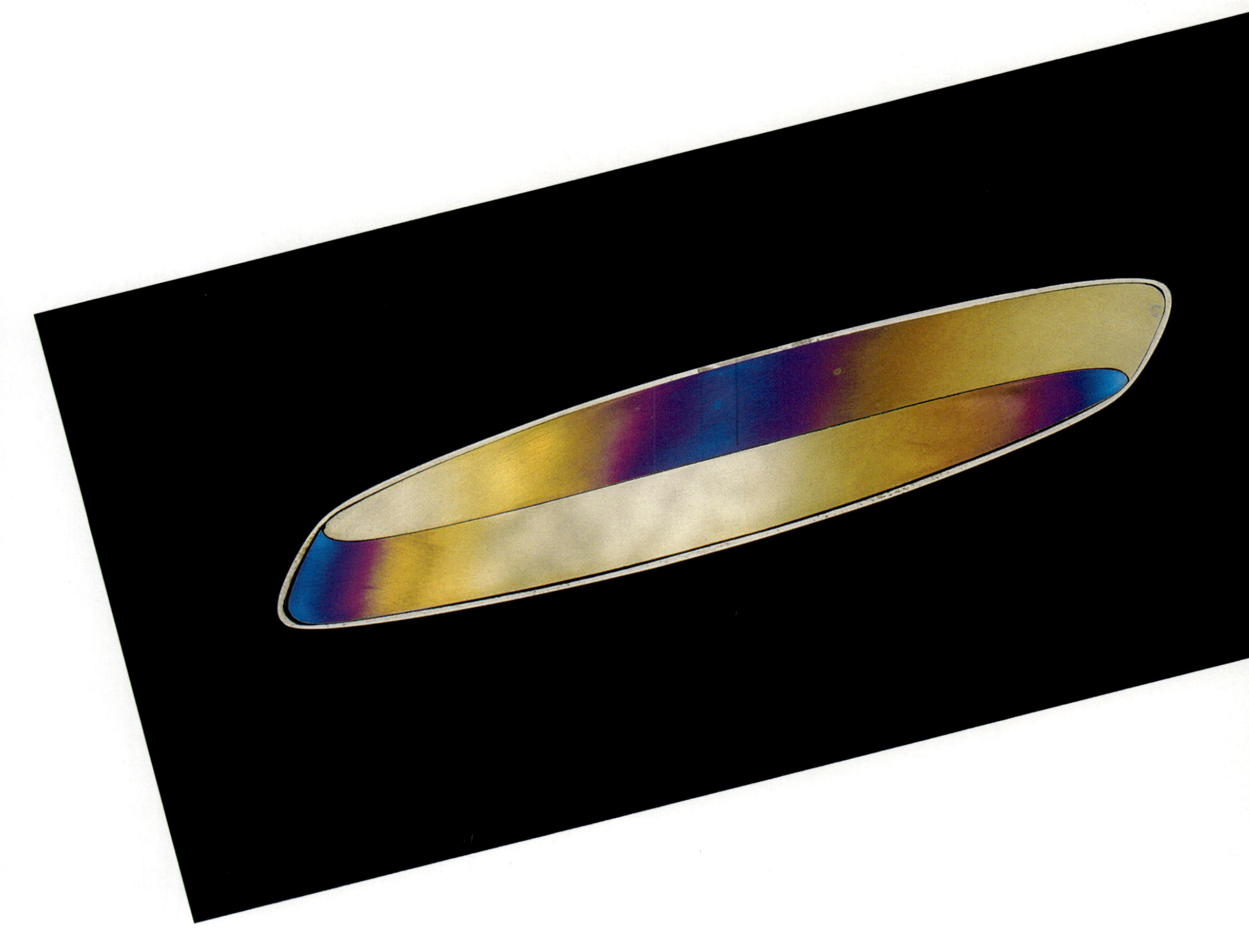

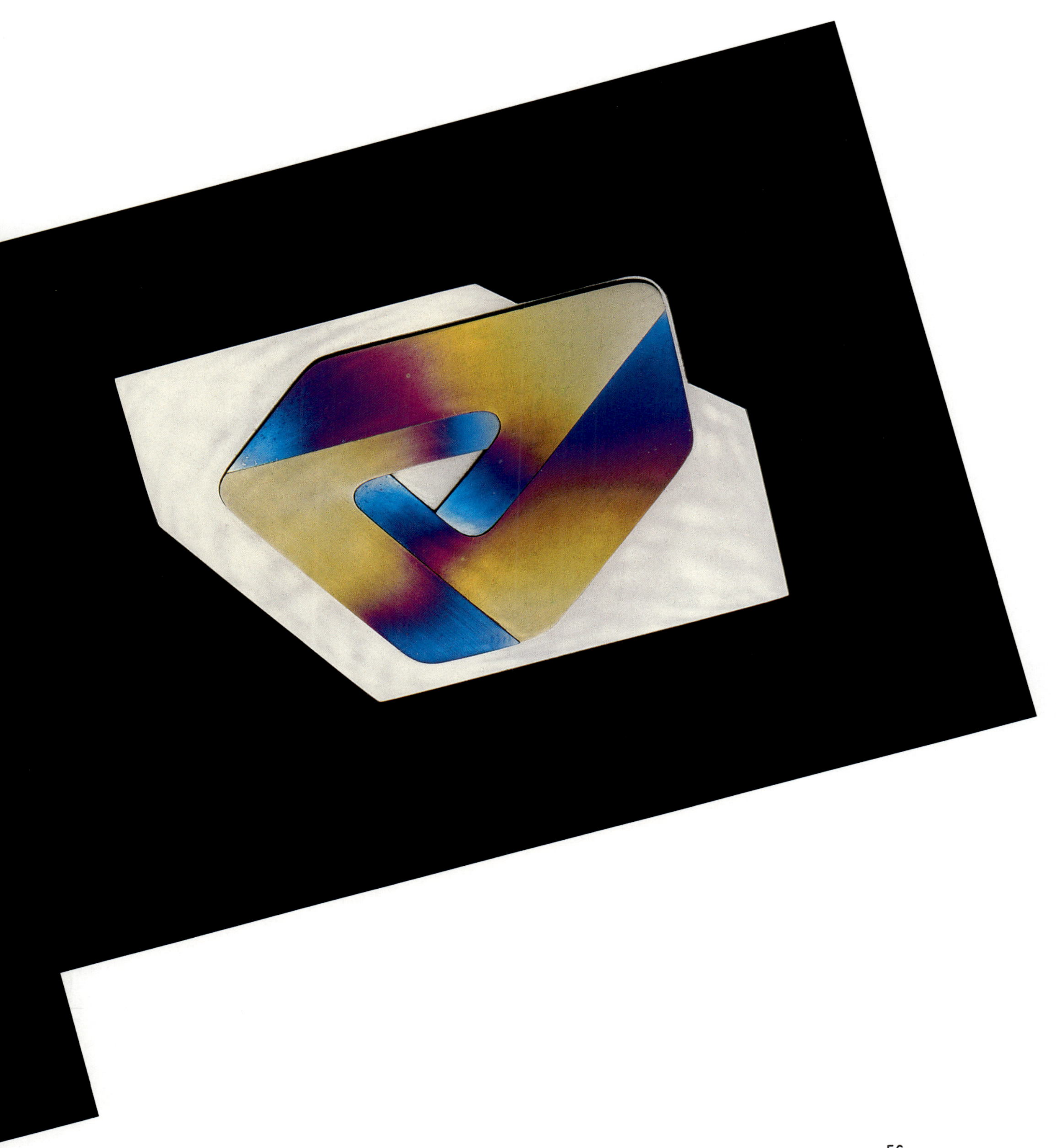

56

Феликс Кузнецов
Брошь „Вечное движение“. 1983
Сталь, титан, оксидирование

Felix Kuznetsov
“Eternal Motion” Brooch. 1983
Steel, titanium, oxidation

0.6 x 7.5 x 1.6

57

Феликс Кузнецов
Брошь „Иероглиф“. 1983
Сталь, титан, оксидирование

Felix Kuznetsov
“Hieroglyph” Brooch. 1983
Steel, titanium, oxidation

0.8 x 5.4 x 4.0

58

Валерий Тимофеев
Браслет
„Движение". 1983
Мельхиор, нефрит,
инкрустация

Valery Timofeev
"Motion" Bracelet
1983
German silver,
nephrite, incrustation

1.0 x 8.0 x 8.0

59

Владислав Фомин
Брошь „Сирень"
1979
Серебро, мельхиор,
аметистовая щетка

Vladislav Fomin
"Lilac" Brooch
1979
Silver, German silver,
amethyst druse

2.0 x 8.0 x 5.6

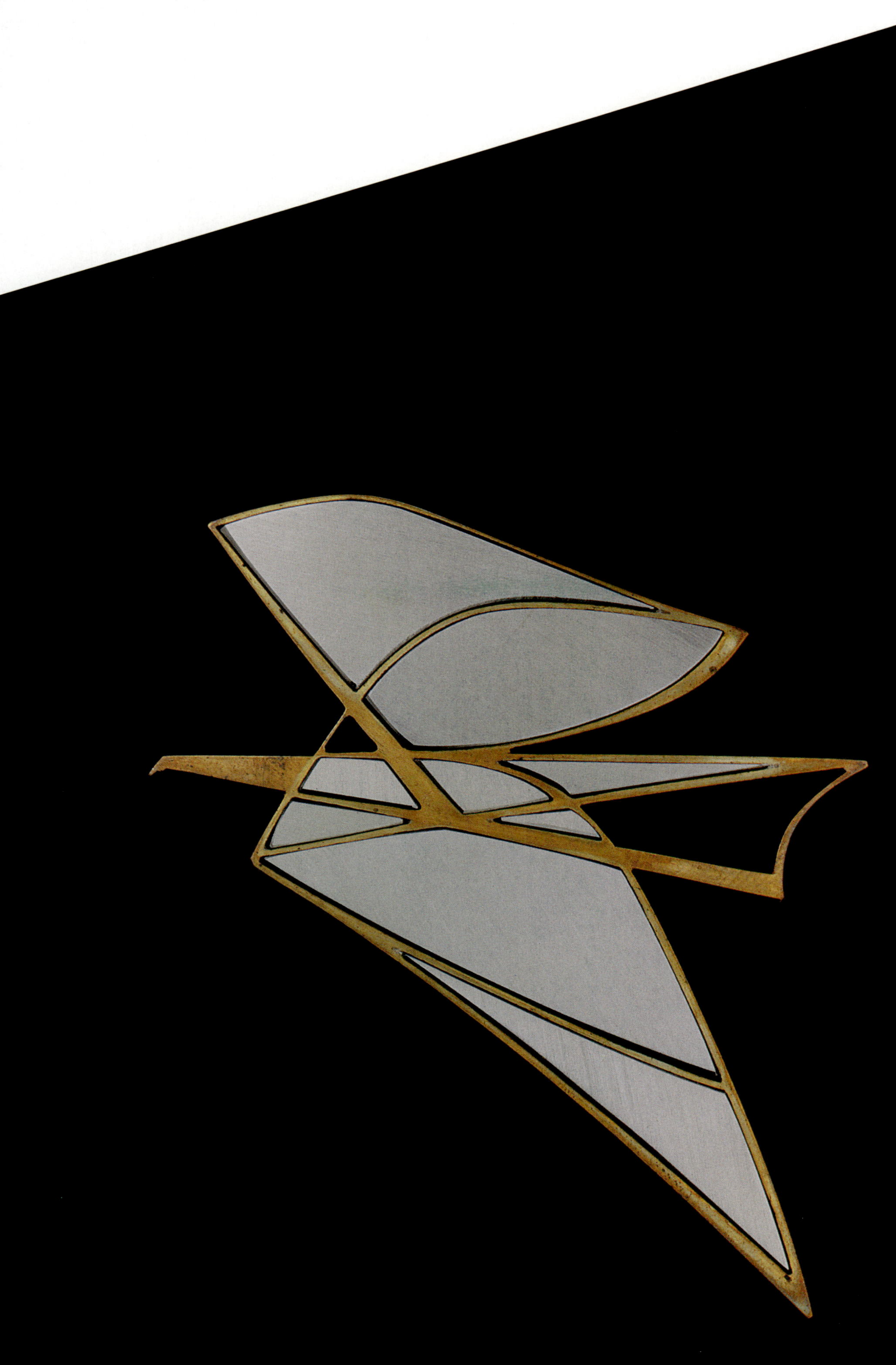

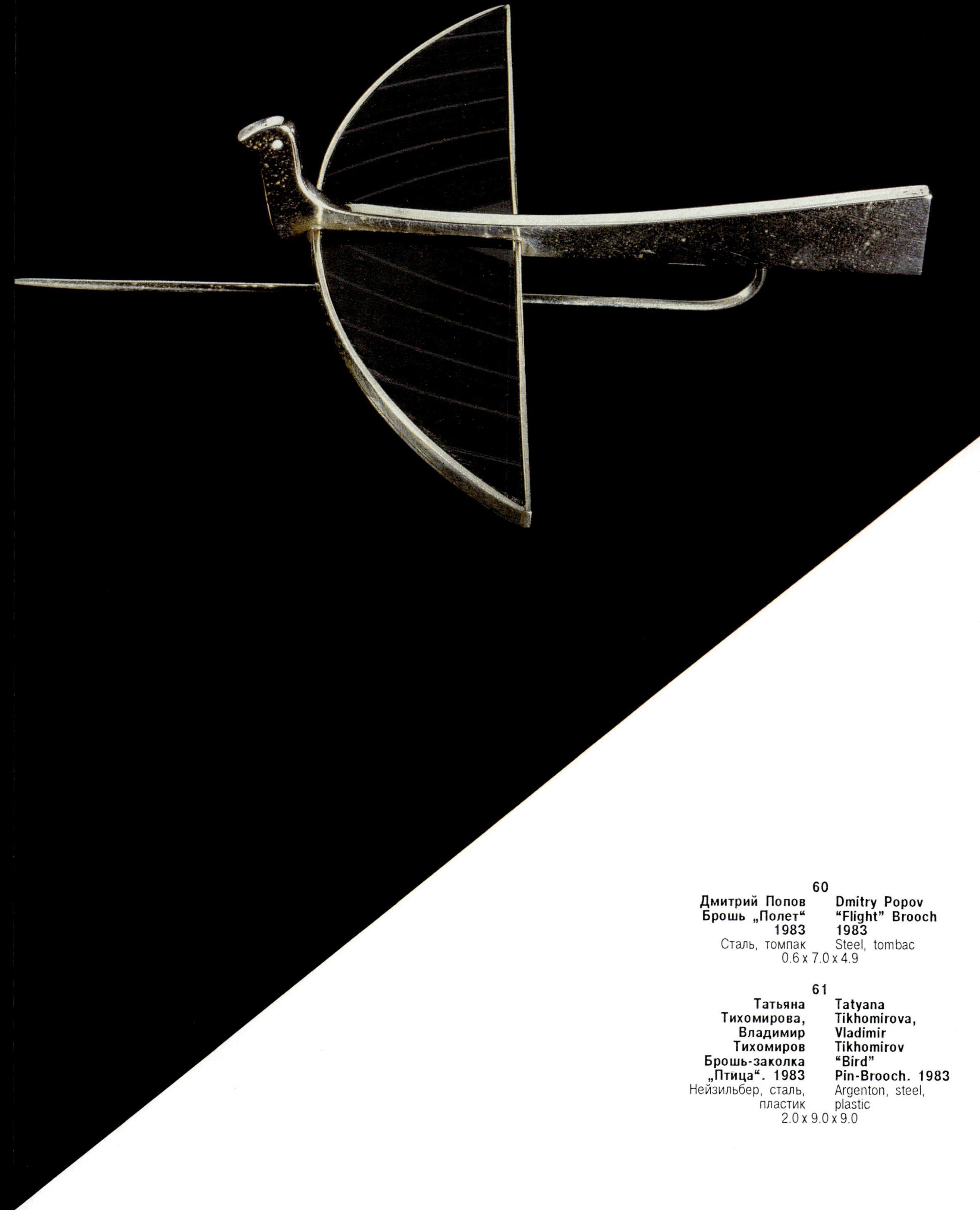

60	
Дмитрий Попов	**Dmitry Popov**
Брошь „Полет“	**“Flight” Brooch**
1983	**1983**
Сталь, томпак	Steel, tombac
0.6 x 7.0 x 4.9	
61	
Татьяна Тихомирова, Владимир Тихомиров	**Tatyana Tikhomirova, Vladimir Tikhomirov**
Брошь-заколка „Птица“. 1983	**“Bird” Pin-Brooch. 1983**
Нейзильбер, сталь, пластик	Argenton, steel, plastic
2.0 x 9.0 x 9.0	

62

Ирина Дорофеева	**Irina Dorofeeva**
Кольцо. 1983	**Ring. 1983**
Алюминиевый сплав, акрил	Aluminium alloy, acrylic

4.0 x 2.8 x 2.0

63

Мария Тоне	**Maria Tone**
Нагрудное украшение „Капель“. 1984	**“Dripping” Pectoral 1984**
Мельхиор, цитрин, халцедон, скань, зернь	German silver, citrines, chalcedony, filigree, granulation

0.8 x 31.0 x 5.0

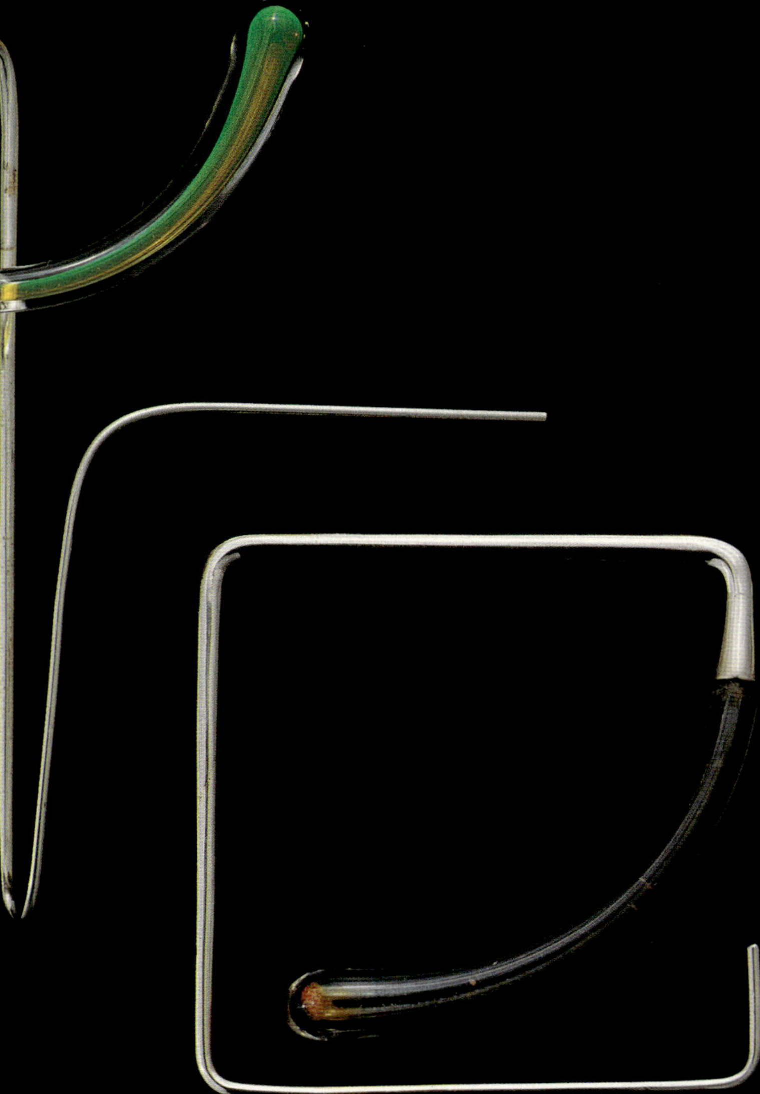

64
Алексей Дородников
Серия непарных серег. 1984
Мельхиор, стекло, флюорисцин

Alexei Dorodnov
Series of Unmatched Ear-Rings. 1984
German silver, glass, fluorescer

0.5 x 4.2 x 4.5
1.5 x 7.5 x 6.0

65
Николай Елфимов
Заколка „Колибри“
1985
Нейзильбер, латунь, медь, перламутр, гранат

Nikolai Elfimov
"Colibri" Pin
1985
Argenton, brass, copper, mother-of-pearl, garnet

2.5 x 22.5 x 3.5

66

Владимир Афанасьев
Колье из комплекта ювелирных украшений „Витраж". 1984
Серебро, сердолик

Vladimir Afanasjev
"Stain-Glass" Necklace 1984
Silver, carnelian stone

0.5 x 12.4 x 14.2

67

Ольга Бондаренко
Брошь „Стайка фламинго". 1984
Раковина, мельхиор, алюминий, резьба, оксидирование

Olga Bondarenko
"Flamingos" Brooch. 1984
Shell, German silver, aluminium, carving, oxidation

0.8 x 6.0 x 4.8

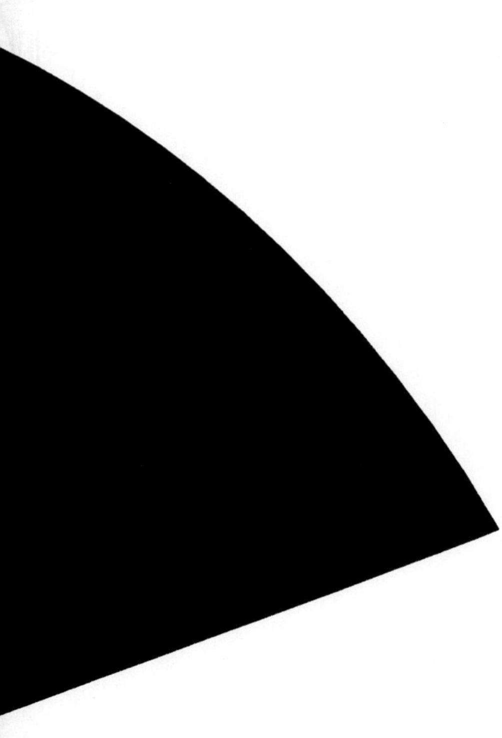

68–69

Татьяна Балтро
Кольца „Ночка“, „Облако“. 1985
Медь, мельхиор, акрил, стекло

Tatyana Baltro
"Night", "Cloud" Rings. 1985
Copper, German silver, acrylic, glass

6.0 x 6.3 x 0.3
7.5 x 7.0 x 4.2

70–71

Александр Каменский
Гребни. 1985
Дерево, серебро, инкрустация

Alexander Kamensky
Combs. 1985
Wood, silver, incrustation

0.6 x 2.0 x 10.0
0.6 x 5.4 x 8.8

73

Виктор Анипко	**Viktor Anipko**
Композиция	**"Little Birds"**
„Птички". 1988	**Composition. 1988**
Эмаль, серебро,	Enamel, silver,
нефрит,	nephrite, carnelian
сердолик, литье,	stone, casting,
гравировка	engraving

4.7 x 2.0 x 2.5
5.3 x 2.3 x 1.4
4.5 x 2.0 x 1.5
3.8 x 2.0 x 1.5
1.9 x 1.7 x 1.7
2.5 x 1.6 x 2.8

74, 76

Феликс Кузнецов
Броши
„Полицентрум"
1985
Нейзильбер, сталь

Felix Kuznetsov
"Polycentrum"
Brooches
1985
Argenton, steel

0.5 x 8.0 x 3.4
0.5 x 7.0 x 5.2

75

Феликс Кузнецов
Брошь „Узел". 1987
Сталь, титан

Felix Kuznetsov
"Knot" Brooch. 1987
Steel, titanium

0.8 x 7.5 x 5.5

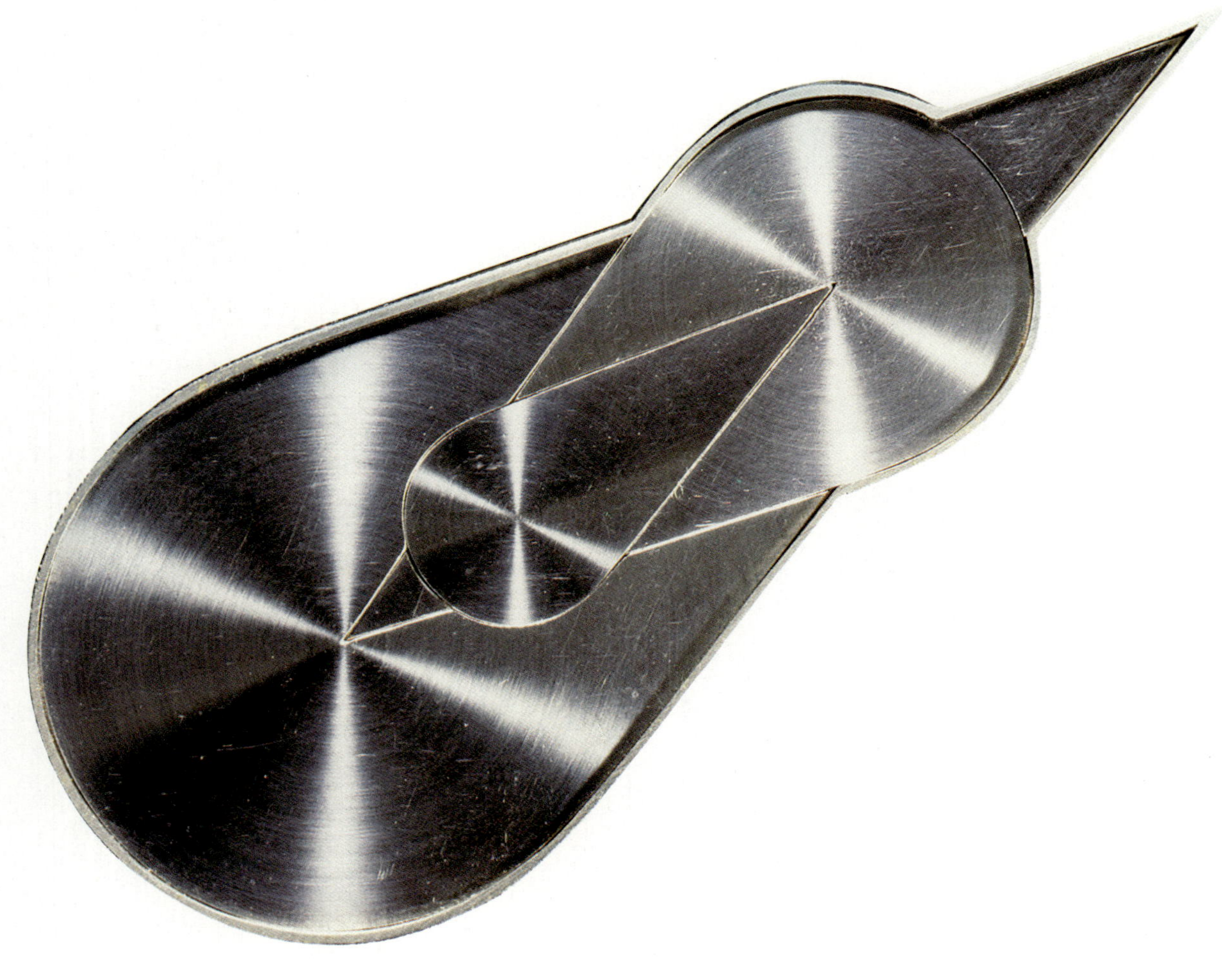

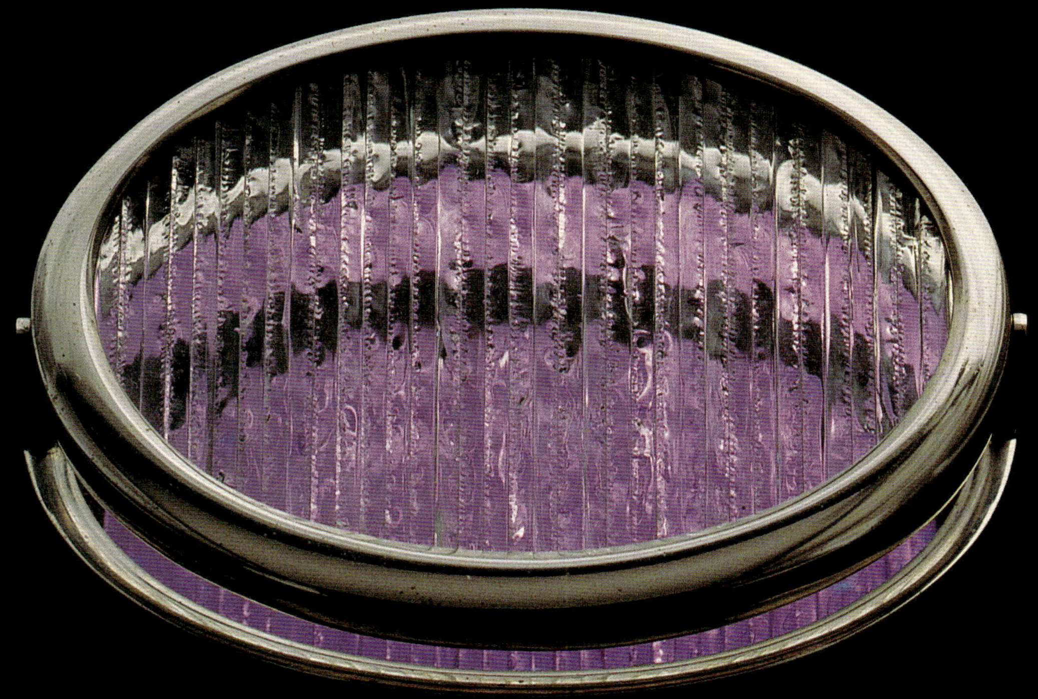

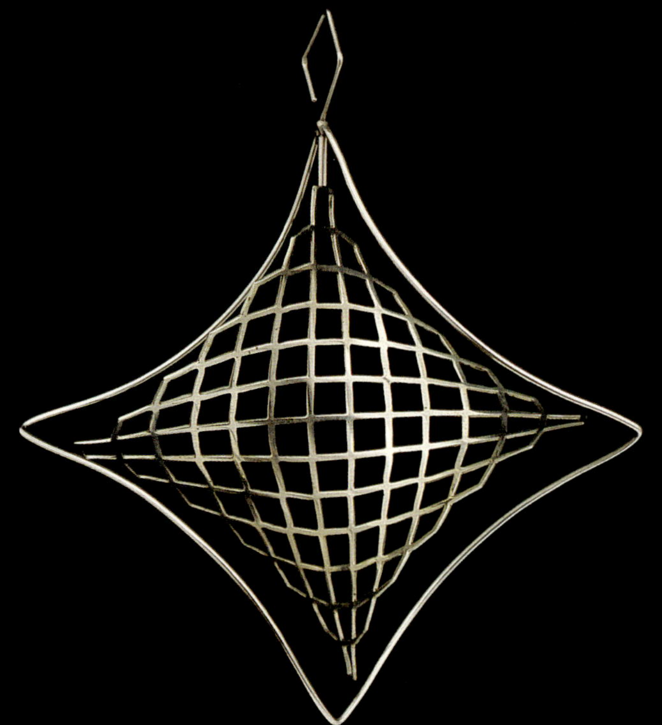

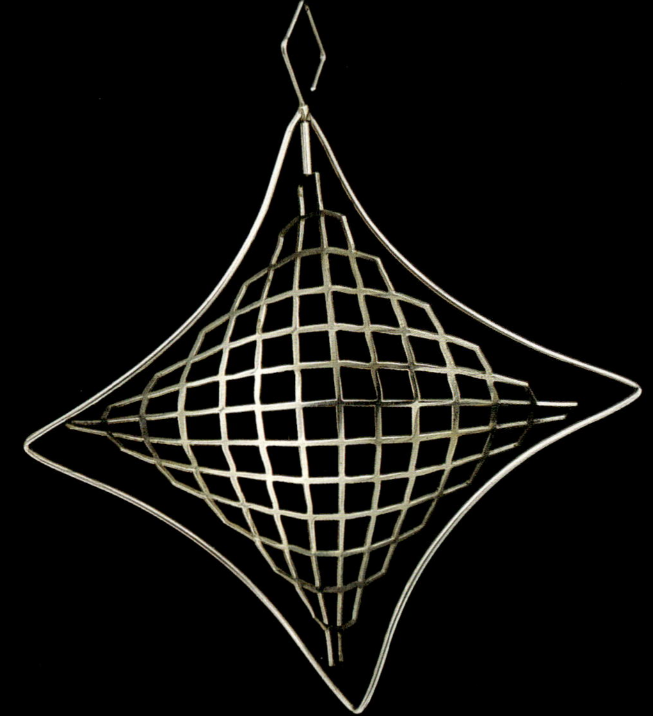

77

Геннадий Ленцов
Брошь. 1985
Мельхиор, стекло, кремний, напыление

Gennady Lentsov
Brooch. 1985
German silver, glass, silicon, dusting

1.8 x 5.5 x 4.1

78

Андрей Селиванов
Серьги „Топологический этюд". 1985
Мельхиор, никель

Andrei Selivanov
"Topology Sketch" Ear-Rings. 1985
German silver, nickel

2.7 x 9.7 x 11.7

79–80

Владимир Поздняков	**Vladimir Pozdnyakov**
Кольца из серии „Квадратура круга“. 1985	**Rings from "The Quadrature of Ring" Series. 1985**
Сталь, литье	Steel, casting

3.5 x 3.0 x 1.8
3.0 x 2.5 x 2.0

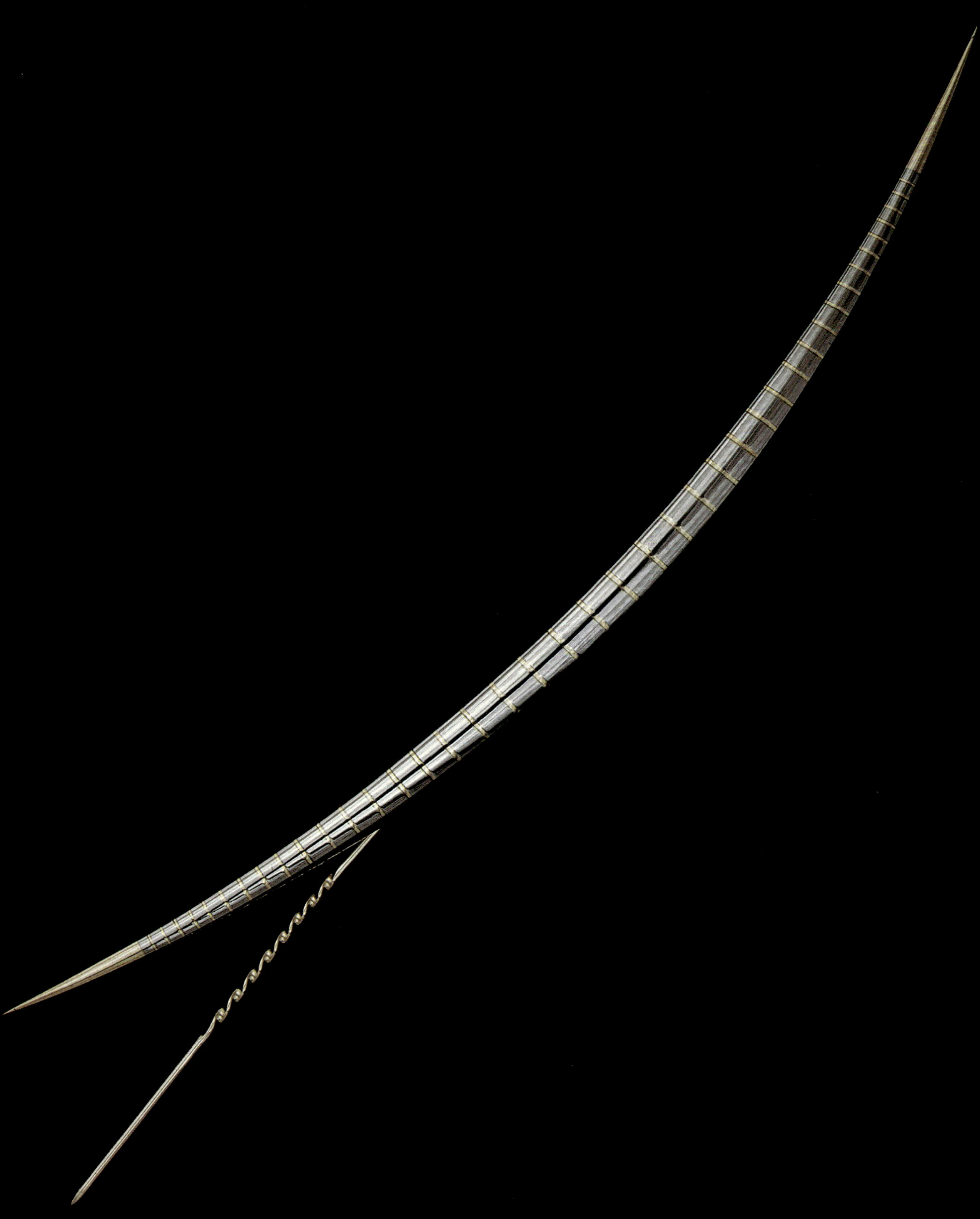

81

Леонид Корнеев
Заколка
из серии
„Трансформация
формы". 1985
Нейзильбер, гагат,
бивень мамонта,
кремний, литье,
инкрустация

Leonid Korneev
Pin from the
"Transformation
of Forms"
Series. 1985
Argenton, gagate,
mammoth tusk,
silicon, casting,
incrustation

1.0 x 25.0 x 3.0

82

Геннадий Ленцов
Брошь. 1985
Мельхиор, оптическое
стекло, кремний,
напыление

Gennady Lentsov
Brooch. 1985
German silver, optical
glass, silicon,
dusting

2.8 x 5.7 x 3.4

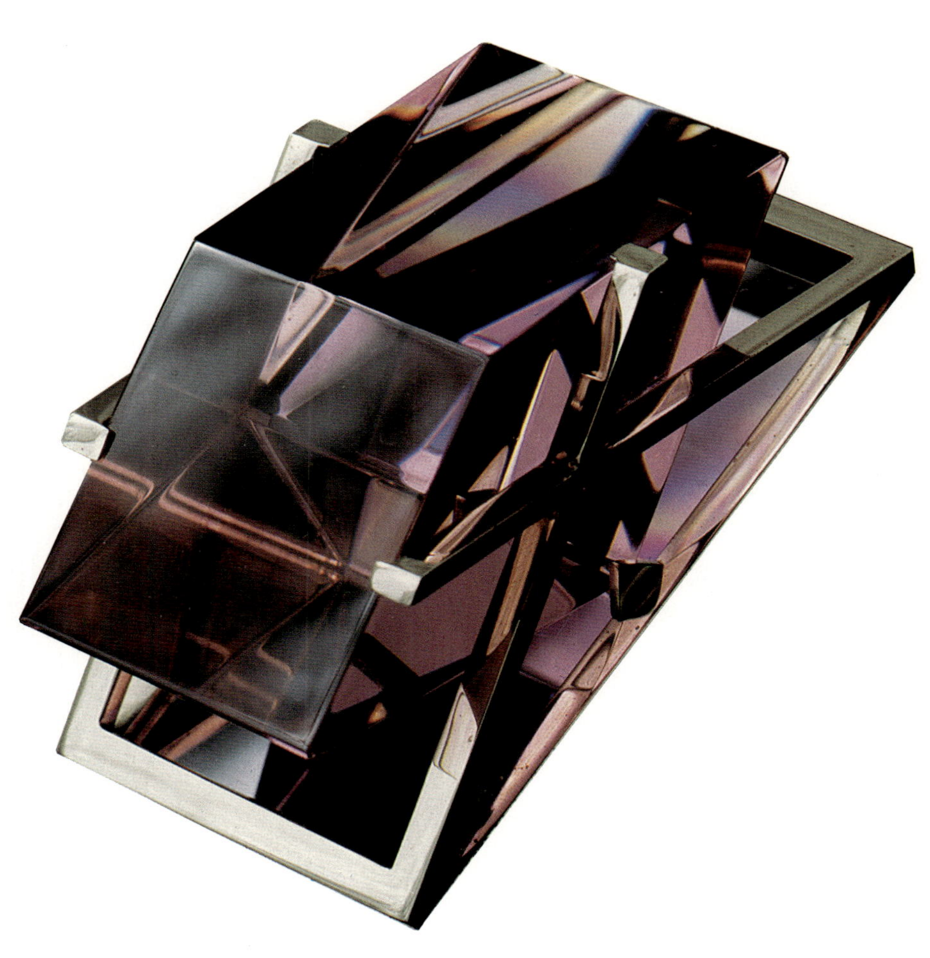

83

Леонид Корнеев Брошь из серии „Трансформация формы". 1985
Нейзильбер, гагат, бивень мамонта, кремний, литье, инкрустация

Leonid Korneev Brooch from the "Transformation of Forms" Series. 1985
Argenton, gagate, mammoth tusk, silicon, casting, incrustation

1.4 x 6.5 x 5.5

84

Татьяна Тихомирова, Владимир Тихомиров Подвес „Букет" 1985
Серебро, сталь, стекло, бисер

Tatyana Tikhomirova, Vladimir Tikhomirov "Bouquet" Pendant 1985
Silver, steel, glass, beads

0.7 x 3.2 x 17.8

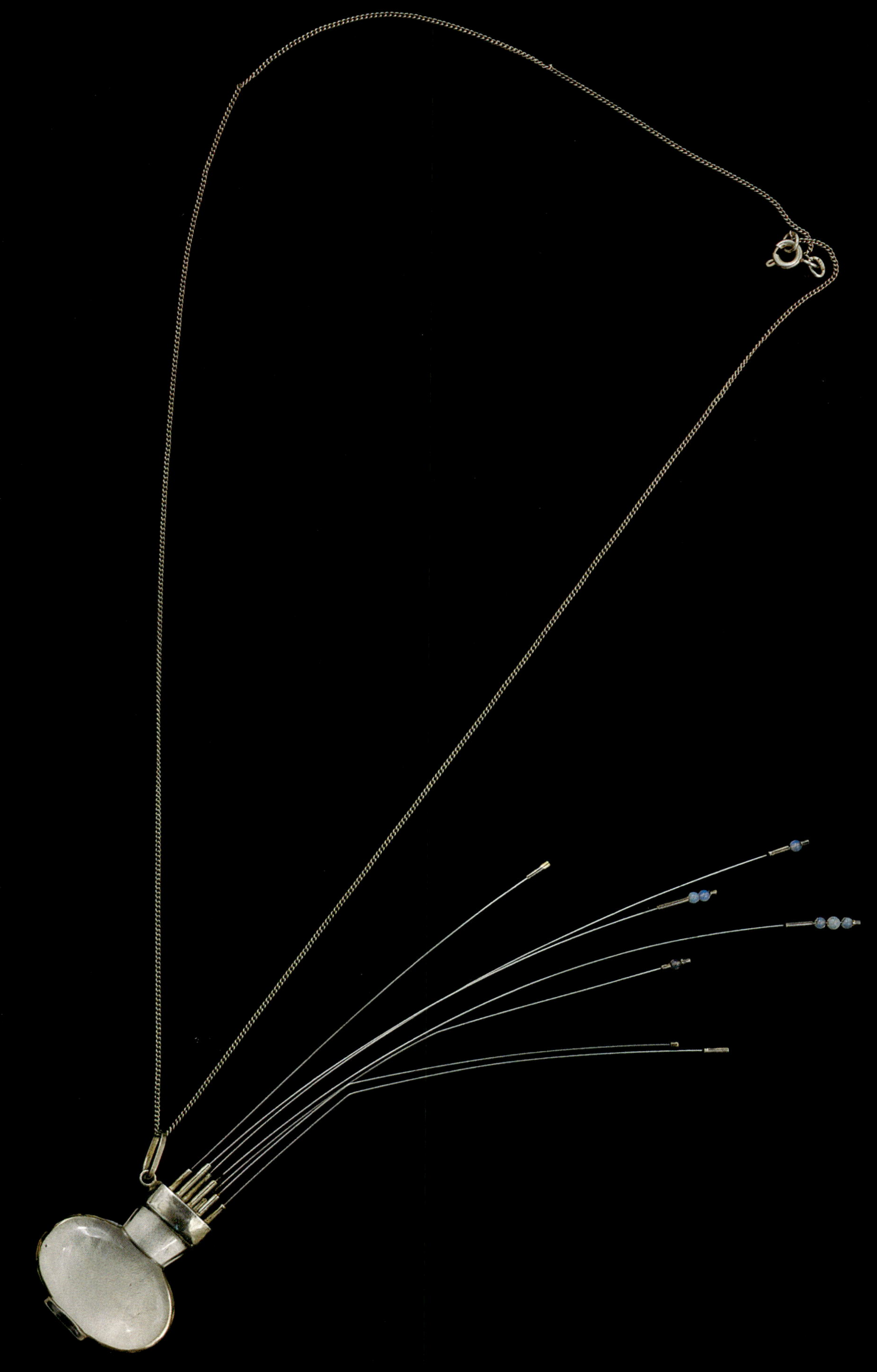

85
Ютта
Паас-Александрова
Ожерелье
„Оттепель". 1986
Мельхиор, латунь,
агат, гравировка,
оксидирование, зернь,
фактурение

86
Владимир
Устюжанин
Колье „Русский
мотив". 1986
Мельхиор,
титан,
стекло,
оксидирование

Jutta Paas-Alexandrova
"Thaw"
Necklace. 1986
German silver, brass, agate, engraving, oxidation, granulation, textural surface
0.5 x 13.4 x 28.0

Vladimir Ustjuzhanin
"Russian Motif"
Necklace. 1986
German silver, titanium, glass, oxidation
0.5 x 10.0 x 30.0

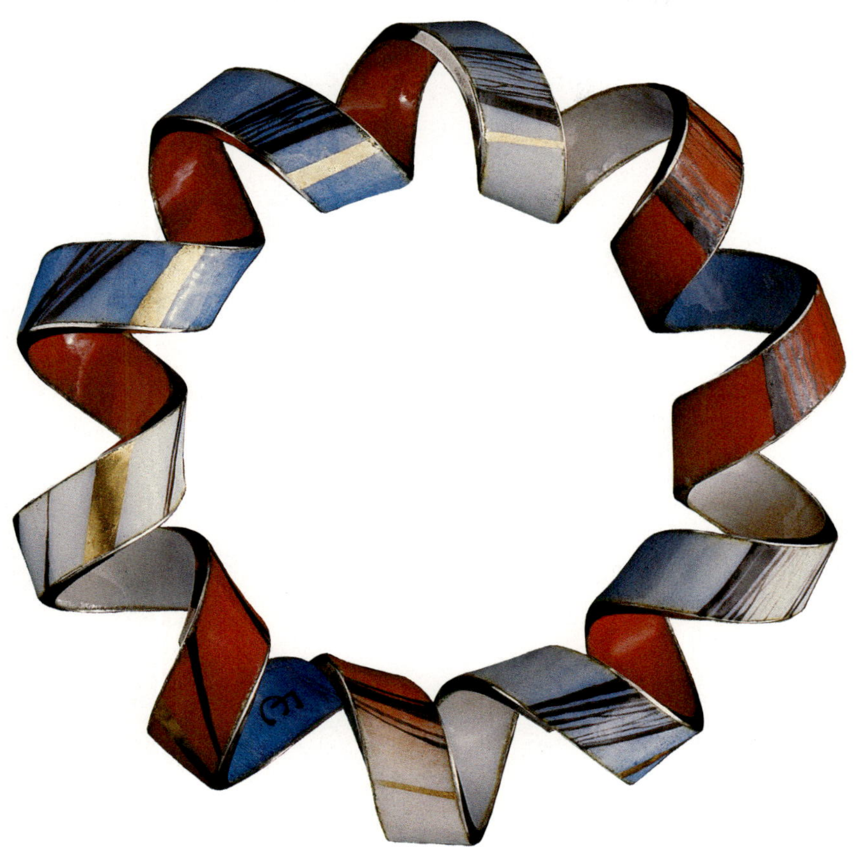

87–88

Галина Селезнева	**Galina Seleznyova**
Комплект ювелирных украшений „Праздник“: гривна, браслет	**“Festival” Parure (collar decoration: old slavic “grivna”; bracelet)**
1986	**1986**
Эмаль, медь, серебро, фольга, пластик, роспись	Enamel, copper, silver, foil, plastic, painting

2.3 x 16.2 x 17.3
2.3 x 10.4 x 10.4

89

Александр Головцов	**Alexander Golovtsov**
Композиция из браслетов. 1987	**Composition of Bracelets. 1987**
Пластик, эбонит	Plastic, ebonite

0.5 x 14.0 x 14.0
0.5 x 14.0 x 14.0

90

Феликс Кузнецов	**Felix Kuznetsov**
Заколка „Ротор“ 1987	**“Rotor” Pin 1987**
Сталь, титан	Steel, titanium

0.8 x 23.4 x 6.0

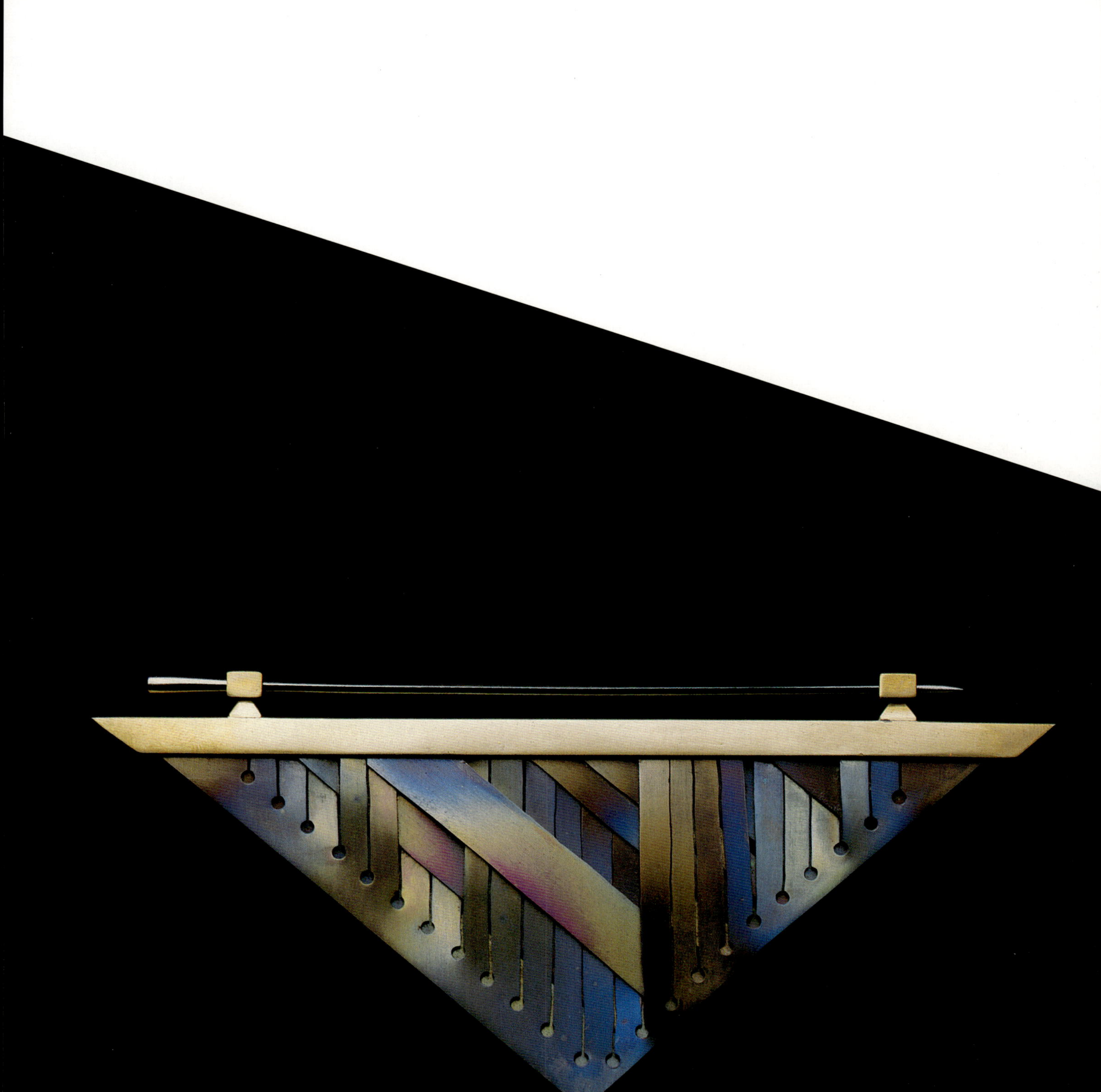

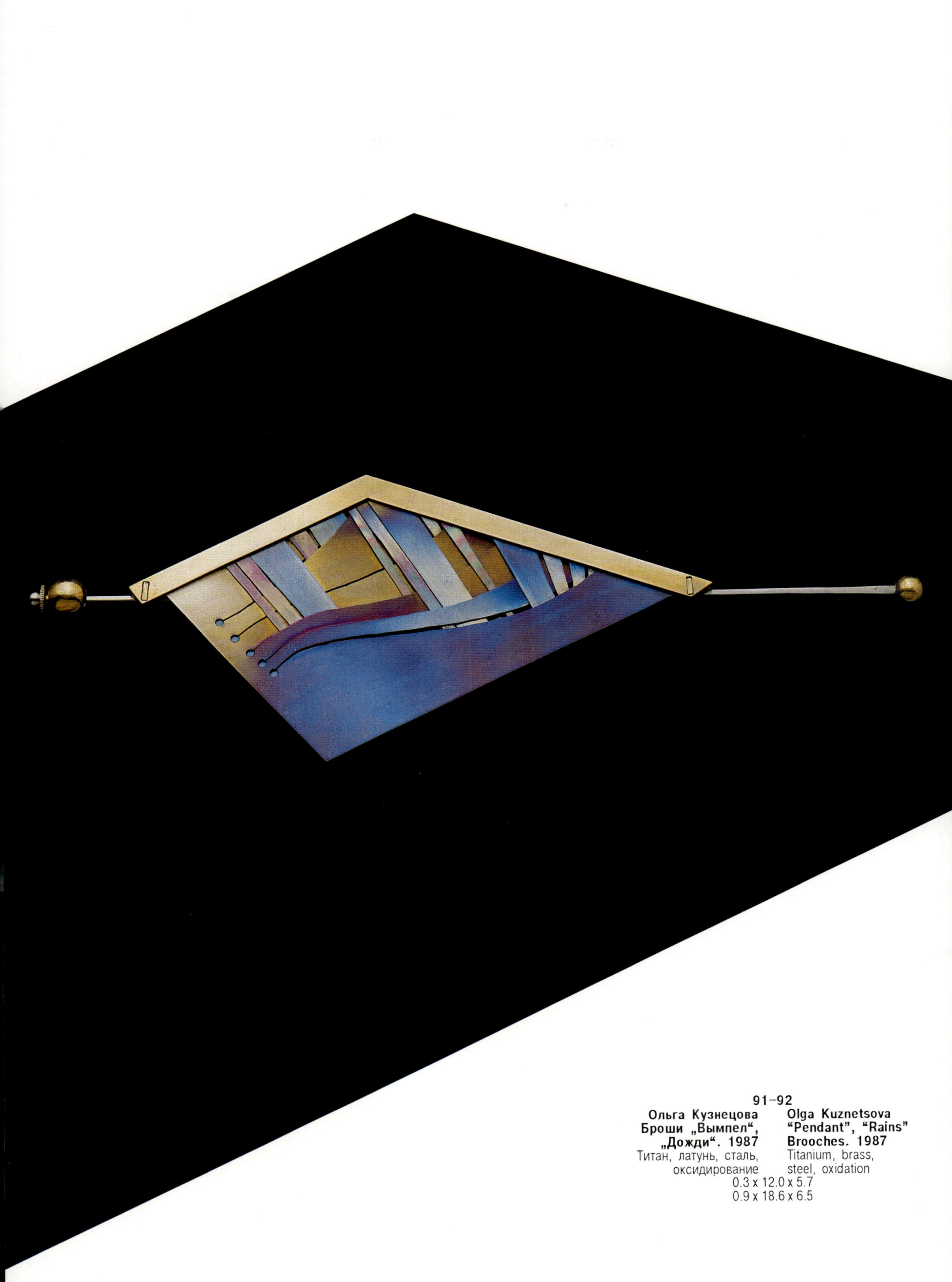

91–92

Ольга Кузнецова
Броши „Вымпел“, „Дожди“. 1987
Титан, латунь, сталь, оксидирование

Olga Kuznetsova
"Pendant", "Rains" Brooches. 1987
Titanium, brass, steel, oxidation

0.3 x 12.0 x 5.7
0.9 x 18.6 x 6.5

93–94

Николай Ежкин	**Nikolai Yezhkin**
Серия колец „Воздушные пути“	**The “Air Tracks” Series of Rings**
1987	**1987**
Мельхиор, агат, инкрустация	German silver, agate, incrustation

4.7 x 6.0 x 0.9
4.7 x 6.0 x 0.9
4.7 x 6.0 x 0.9

95

Ольга Кузнецова	**Olga Kuznetsova**
Заколка для шляпы „Фазан“. 1987	**“Pheasant” Hat Pin 1987**
Титан, сталь, бронза, оксидирование	Titanium, steel, bronze, oxidation

4.7 x 37.0 x 10.4

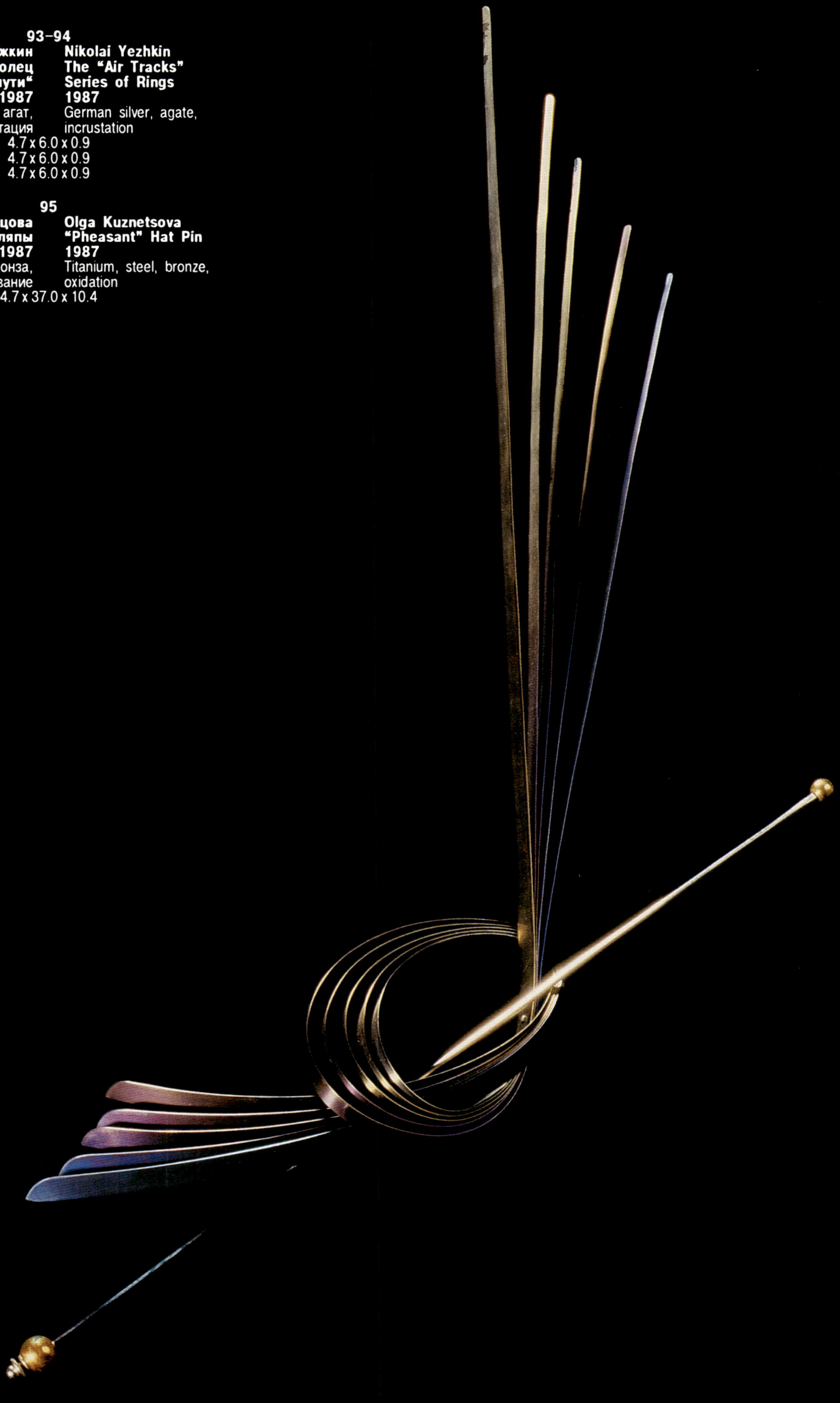

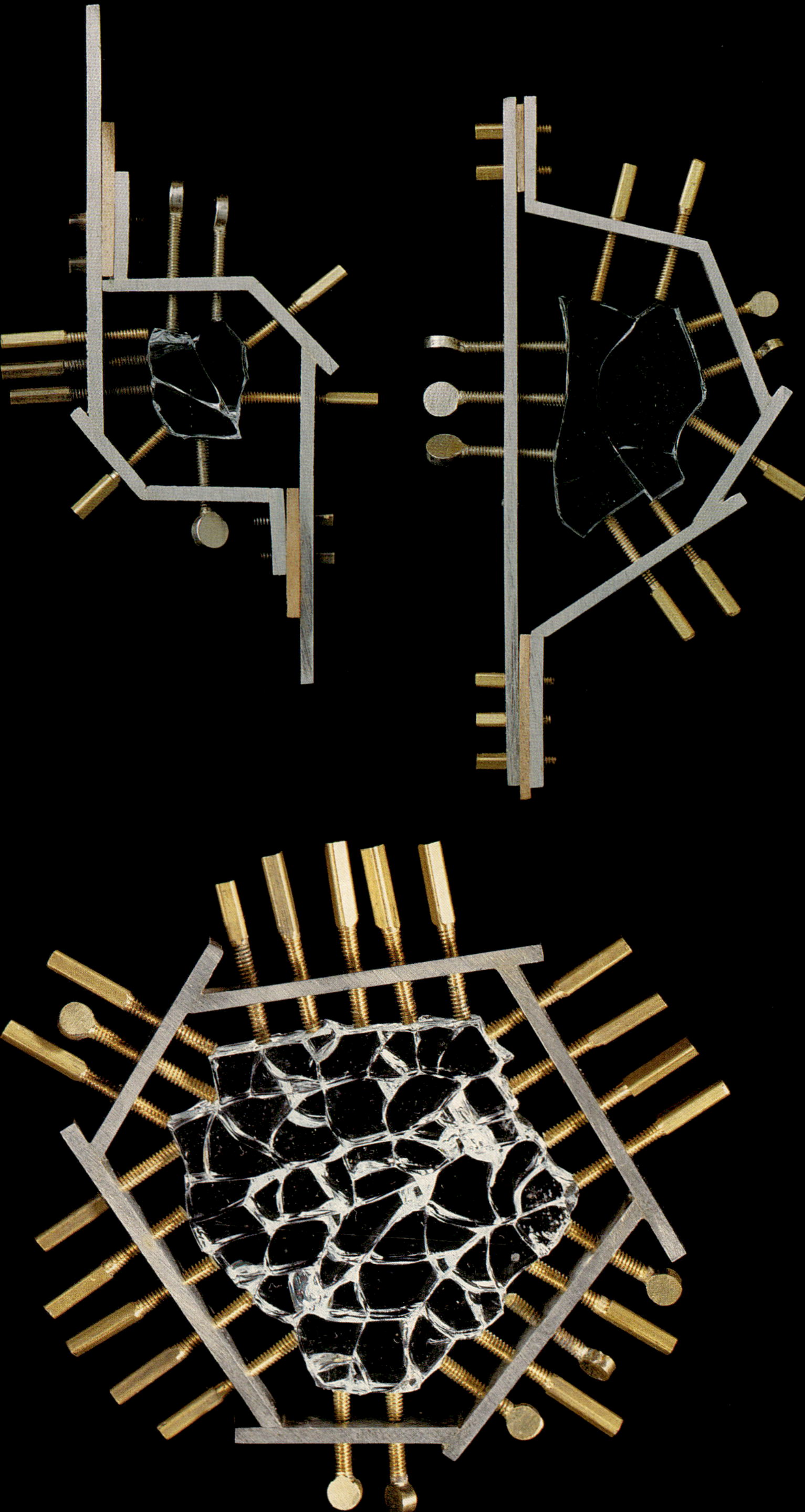

96–97

Геннадий Быков	**Gennady Bykov**
Серия брошей	**Series of Brooches**
1988	**1988**
Мельхиор, медь, бронза, стекло, оксидирование	German silver, copper, bronze, glass, oxidation

0.5 x 7.8 x 4.0
0.5 x 7.6 x 4.0
0.5 x 6.2 x 5.7

98

Ольга Кузнецова	**Olga Kuznetsova**
Заколка „Блики“	**“High Lights” Pin**
1985	**1985**
Сталь, кость	Steel, bone

0.5 x 11.0 x 33.4

101–102 (1; 2)

Геннадий Быков
Серия брошей
„Следы". 1989
Серебро, щетина,
тиснение
0.7 x 6.5 x 6.5
0.8 x 7.0 x 5.0
0.8 x 5.0 x 5.5

Gennady Bykov
The «Tracks» Series
of Brooches. 1989
Silver, bristles,
stamping

103(1; 2)–**104**

Наталья Быкова	**Natalya Bykova**
Серия брошей	**The "City Garden"**
„Городской сад"	**Series of Brooches**
1988	**1988**
Эмаль, медь, латунь	Enamel, copper, brass

0.5 x 6.7 x 7.6
0.5 x 6.2 x 6.0
0.4 x 5.6 x 6.4

105

Феликс Кузнецов
Эскиз-проект „Гиперполе". 1988
Сталь, титан

Felix Kuznetsov
"Hyper-Field" Sketch-Project. 1988
Steel, titanium

4.0 x 10.0 x 8.2

106–107

Дмитрий Попов
Серия брошей
1988
Медь, латунь, мельхиор, эмаль

Dmitry Popov
Series of Brooches
1988
Copper, brass, German silver, enamel

1.3 x 5.9 x 4.4
1.3 x 5.4 x 5.4

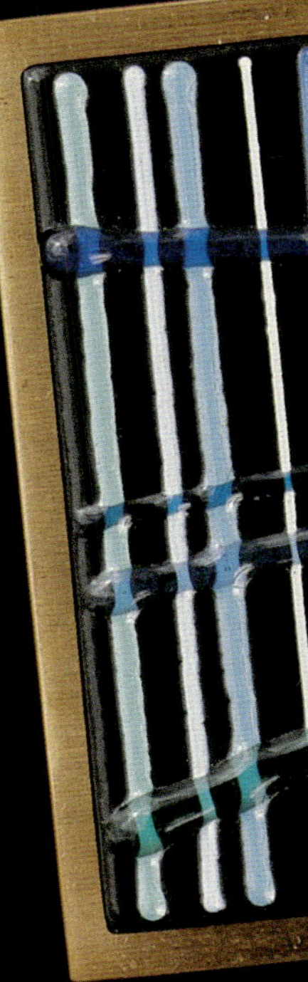

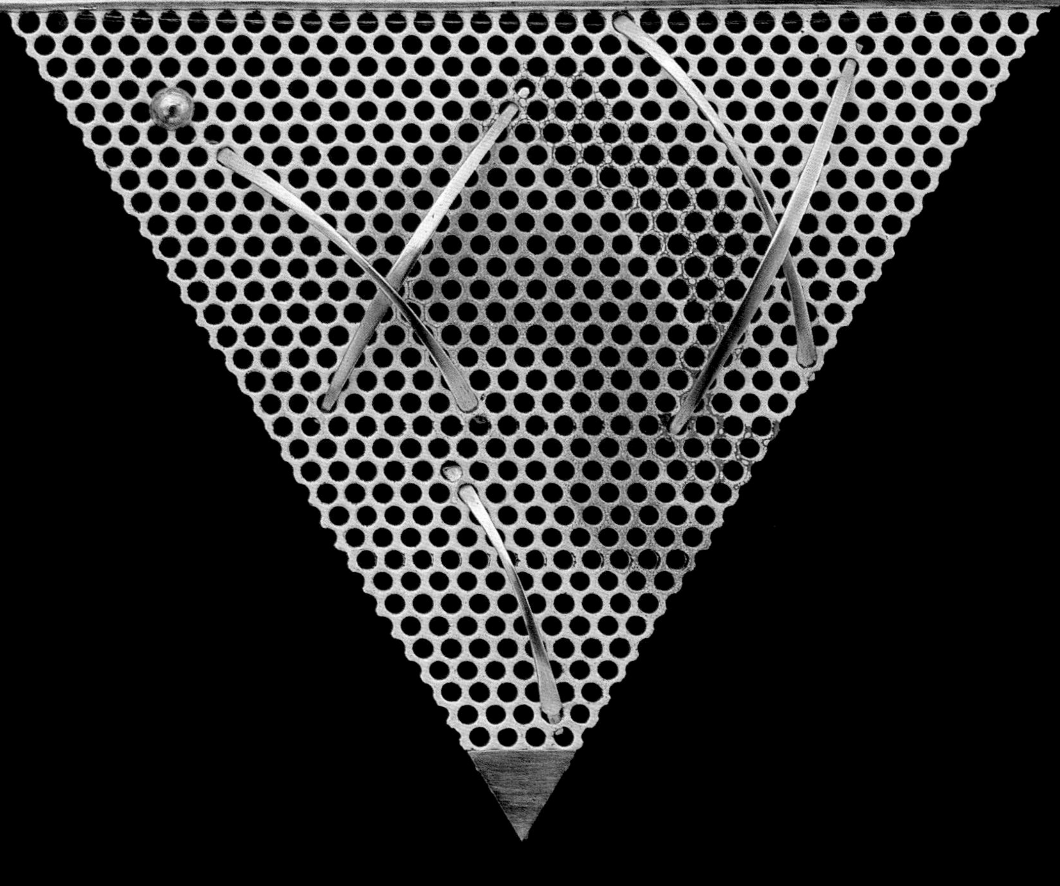

Ольга Кузнец
Броши „Де
„Ночь“. 1
Эмаль, сталь, сер
С
С

Алекса
Камен
Подвеска-об
1
Дерево, сере
инкруст

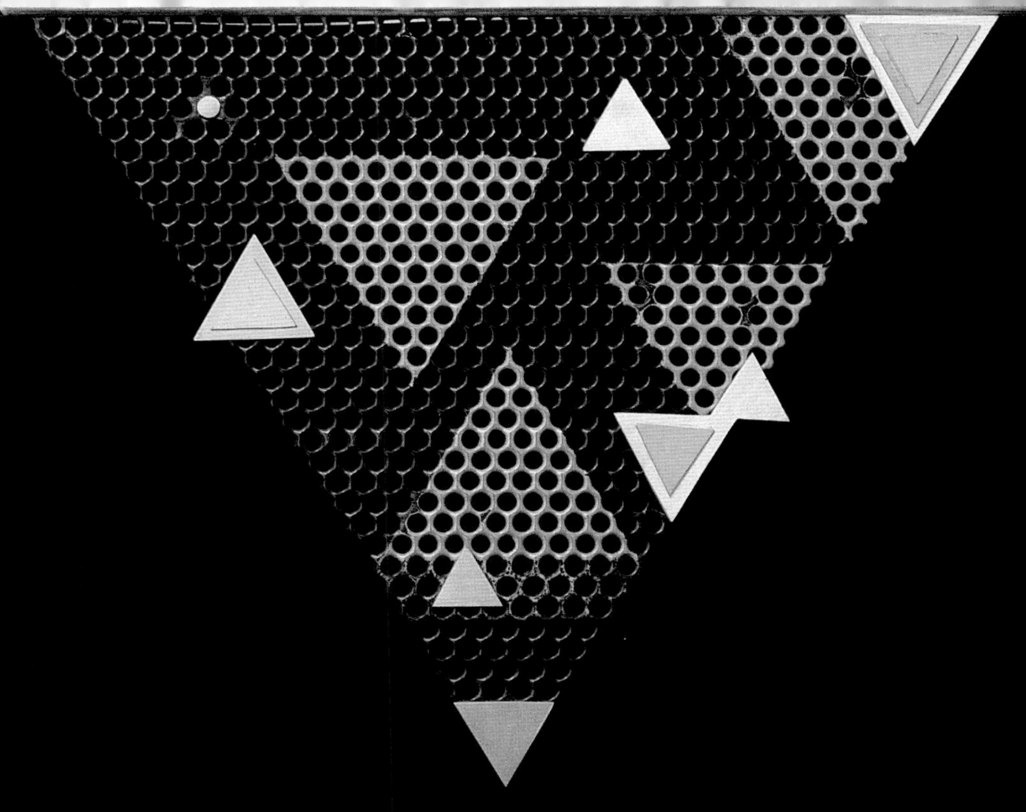

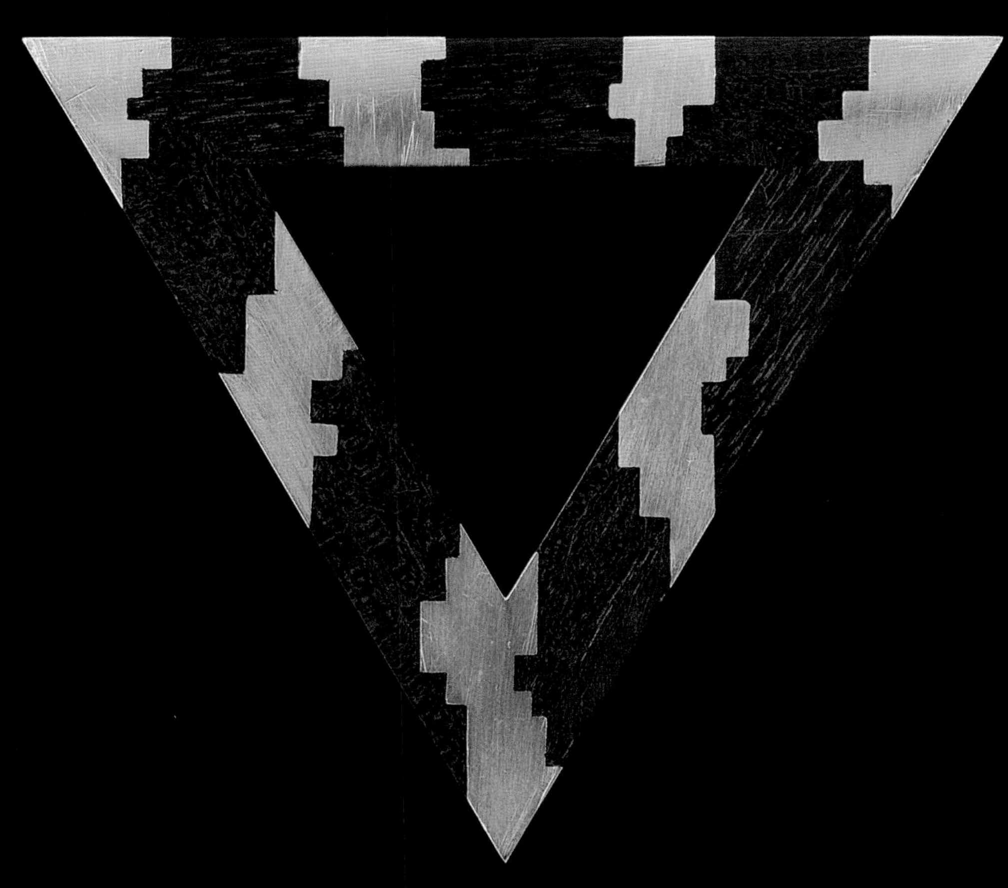

111
Мария Тоне
Колье. 1988
Мельхиор, яшма

112
Анна Ярошенко
Гривна
„Галактика“
1988
Мельхиор, медь,
латунь, эмаль,
обсидиан

Maria Tone
Necklace. 1988
German silver, jasper
0.2 x 16.0 x 22.0

Anna Yaroshenko
"Galaxy" Collar Decoration (old slavic "grivna"). 1988
German silver, copper, brass, enamel, obsidian
1.2 x 15.0 x 26.8

113–114

Валентина Авдеева	**Valentina Avdeeva**
Комплект ювелирных украшений „Голубой": брошь, колье. 1988	**"The Blue" Parure (brooch, necklace) 1988**
Эмаль, медь, серебро, фольга, жемчуг	Enamel, copper, silver, foil, pearl

1.4 x 6.8 x 5.5
1.0 x 15.0 x 15.0

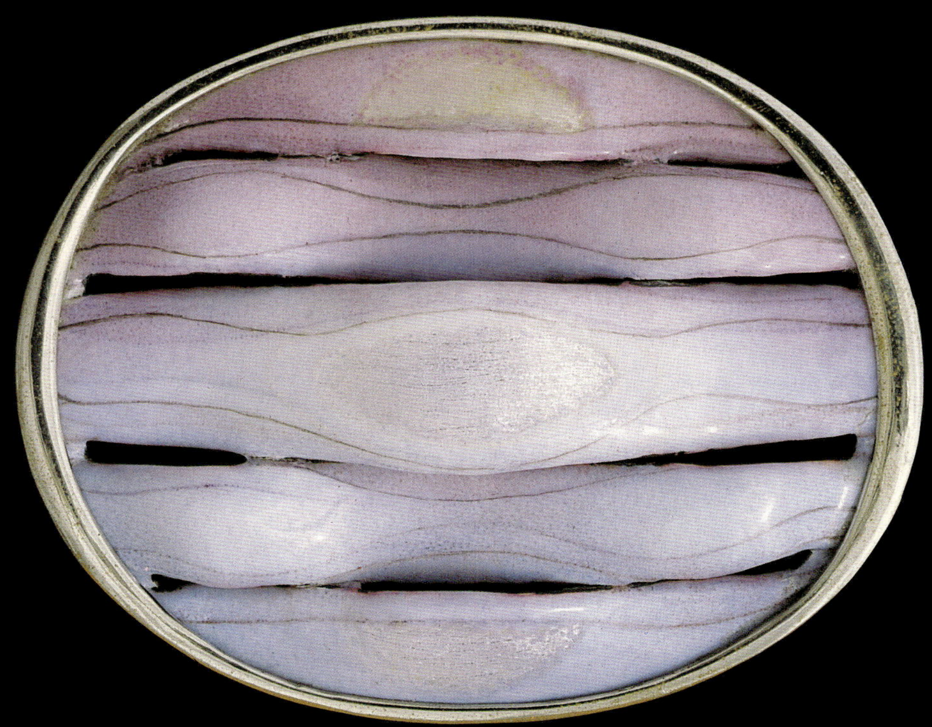

143

115–116

Вера Наумова
Броши. 1988
Медь, сталь, латунь,
эмаль, бумага,
воронение, окраска

Vera Naumova
Brooches. 1988
Copper, steel, brass,
enamel, paper,
burnishing, colouring

2.2 x 9.2 x 9.2
1.2 x 6.4 x 6.4

117–118

Наталья Быкова
Серия брошей
„Острова“
1989
Медь, мельхиор,
гравировка

Natalya Bykova
The "Islands"
Series of Brooches
1989
Copper, German silver,
engraving

0.5 x 11.9 x 6.4
0.5 x 13.2 x 7.0

119–120

Александр Головцов	**Alexander Golovtsov**
Серия брошей	**Series of Brooches**
1989	**1989**
Никель	Nickel

1.0 x 7.7 x 7.7
1.5 x 7.7 x 7.7

121

Александр Головцов	**Alexander Golovtsov**
Объект	**“Attitudes”**
„Мироощущение“	**Object**
1989	**1989**
Нейзильбер, алюминий, стекло, пластик, оксидирование	Argenton, aluminium, glass, plastic, oxidation

8.0 x 4.0 x 4.0

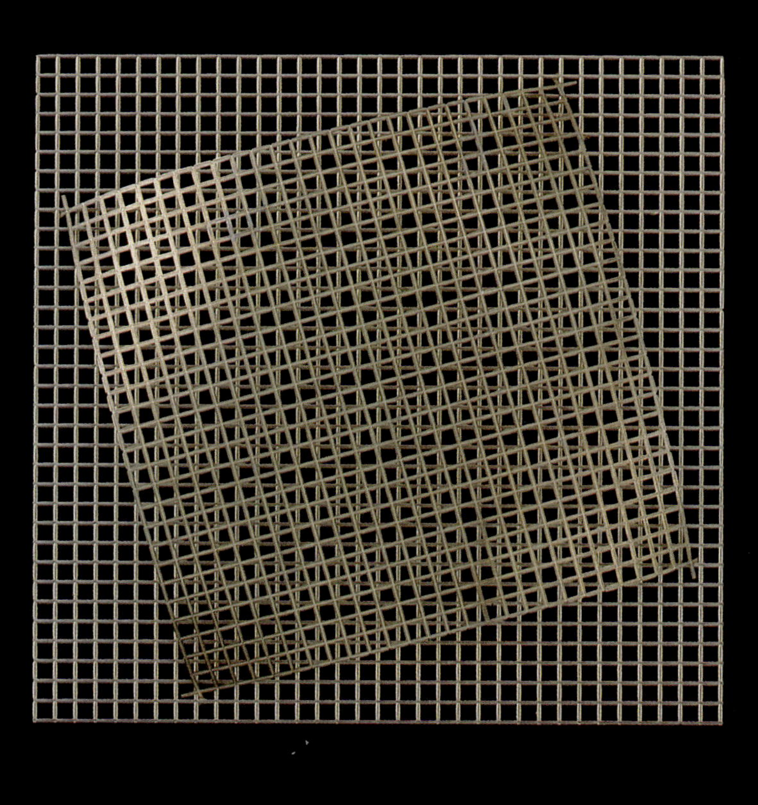

122–123

Александр Каменский	**Alexander Kamensky**
Серия брошей	**Series of Brooches**
1989	**1989**
Дерево, серебро, пластик, инкрустация	Wood, silver, plastic, incrustation

0.7 x 9.0 x 4.5
0.7 x 11.5 x 3.3

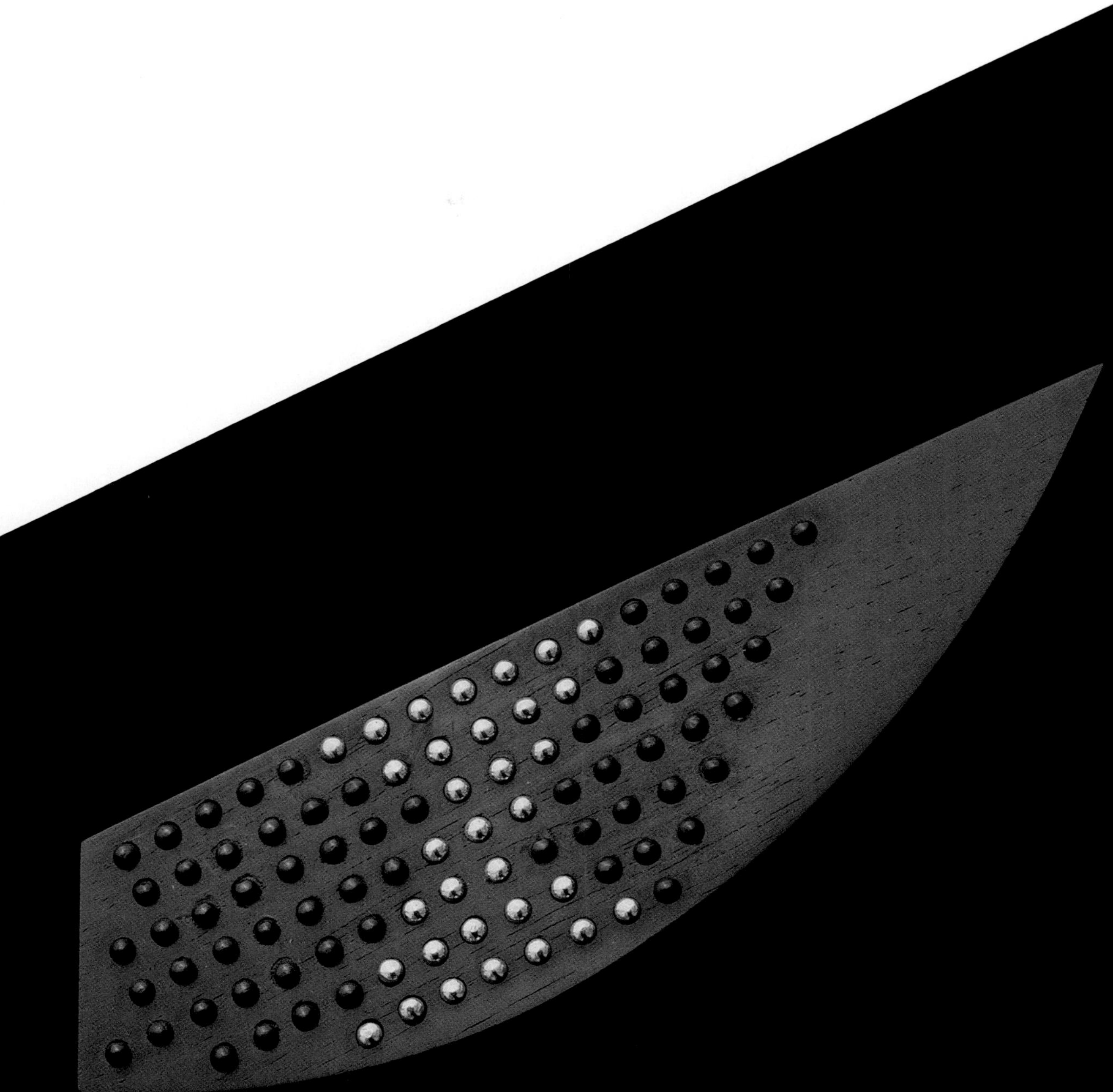

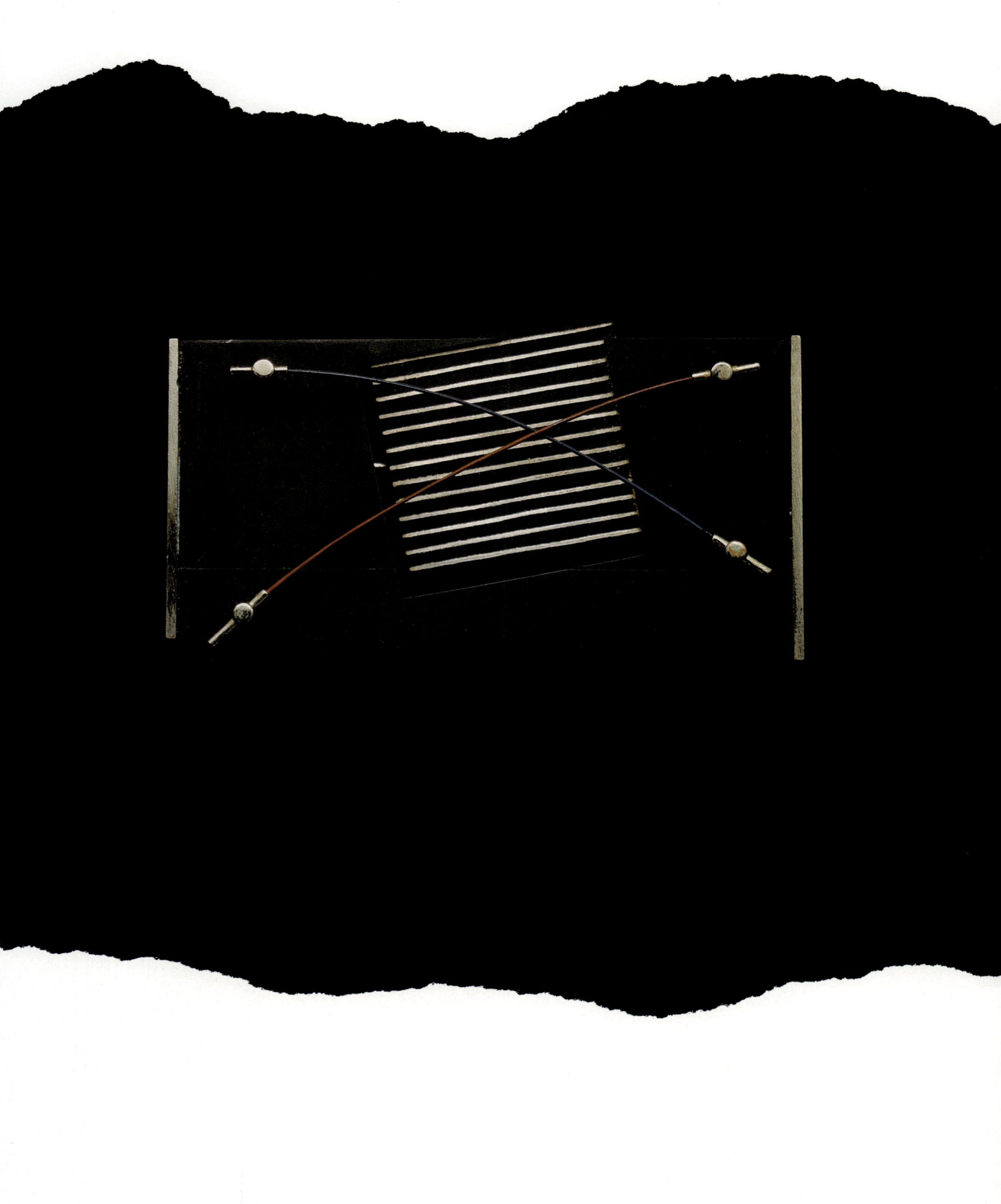

124–125

Владимир Наумов
Серия брошей
„Мираж“. 1989
Сталь, мельхиор,
серебро, инкрустация,
воронение, окраска

Vladimir Naumov
The “Mirage” Series
of Brooches. 1989
Steel, German silver,
silver, incrustation,
burnishing, colouring

1.3 x 8.6 x 5.4
1.3 x 8.6 x 5.2

126–127 (1; 2)

Наталья Быкова
Серия подвесов
1990
Мельхиор, текстиль, окаменелое дерево, кахолонг, яшма, агат, шунгит, кремний, флорентийская мозаика

Natalya Bykova
Series of Pendants
1990
German silver, fabrics, petrified wood, cacholong, jasper, agate, shungite, silicon, Florentine mosaics

6.8 x 6.7 x 0.8
5.0 x 7.1 x 0.6
6.5 x 6.8 x 0.7

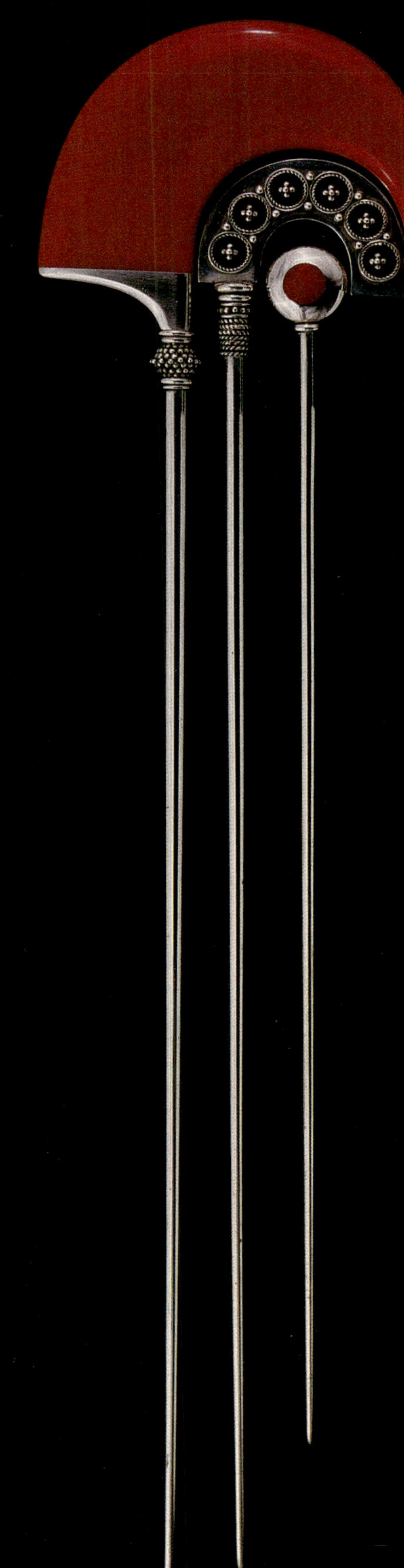

128

Валерий Тимофеев	**Valery Timofeev**
Кулон. 1989	**Pendant. 1989**
Сталь, латунь, серебро, эмаль, гематит, пластик	Steel, brass, silver, enamel, gematite, plastic

0.6 x 9.6 x 6.3

129

Сергей Боровков-Куктенко	**Sergei Borovkov-Kuktenko**
Композиция „Ситуация заколок". 1989	**"Situation with Pins" Composition. 1989**
Мельхиор, пластик, скань, зернь, оксидирование, фактурение, инкрустация	German silver, plastic, filigree, granulation, oxidation, textural surface, incrustation

23.0 x 6.0 x 0.5
19.3 x 3.0 x 0.5
16.4 x 1.1 x 0.4

130–131

Вера Фонтон
Кольца „Вершины“, „Три луча“. 1989
Бронза, латунь, эбонит, литье

Vera Fonton
"Heights", "Three Rays" Rings. 1989
Bronze, brass, ebonite, casting

8.5 x 12.8 x 1.0
8.6 x 10.5 x 0.6

132
Наталья Гаттенбергер
Шейное украшение из комплекта „Пена“. 1991
Мельхиор, раковина

133
Зинаида Зенкова
Колье „Птицы мира“ 1988
Мельхиор, канфарение

Natalya Gattenberger "Foam" Parure (collar decoration). 1991
German silver, shell
2.0 x 15.0 x 9.5

Zinaida Zenkova "Birds of the World" Necklace 1988
German silver, pouncing
1.0 x 15.0 x 17.0

134–135

Вера Фонтон	**Vera Fonton**
Серия колец	**Series of Rings**
1992	**1992**
Эбонит, стекло, серебро	Ebonite, glass, silver

7.3 x 5.4 x 5.4
6.5 x 8.5 x 3.1

136
Михаил Масленников
Брошь „Кузнечик Возрождения“
1990
Мельхиор, титан, текстиль, хромирование, оксидирование

137
Владимир Зотов
Нагрудное украшение „Свет и тень“. 1990
Нейзильбер, кость, эбонит, коралл, гравировка, инкрустация

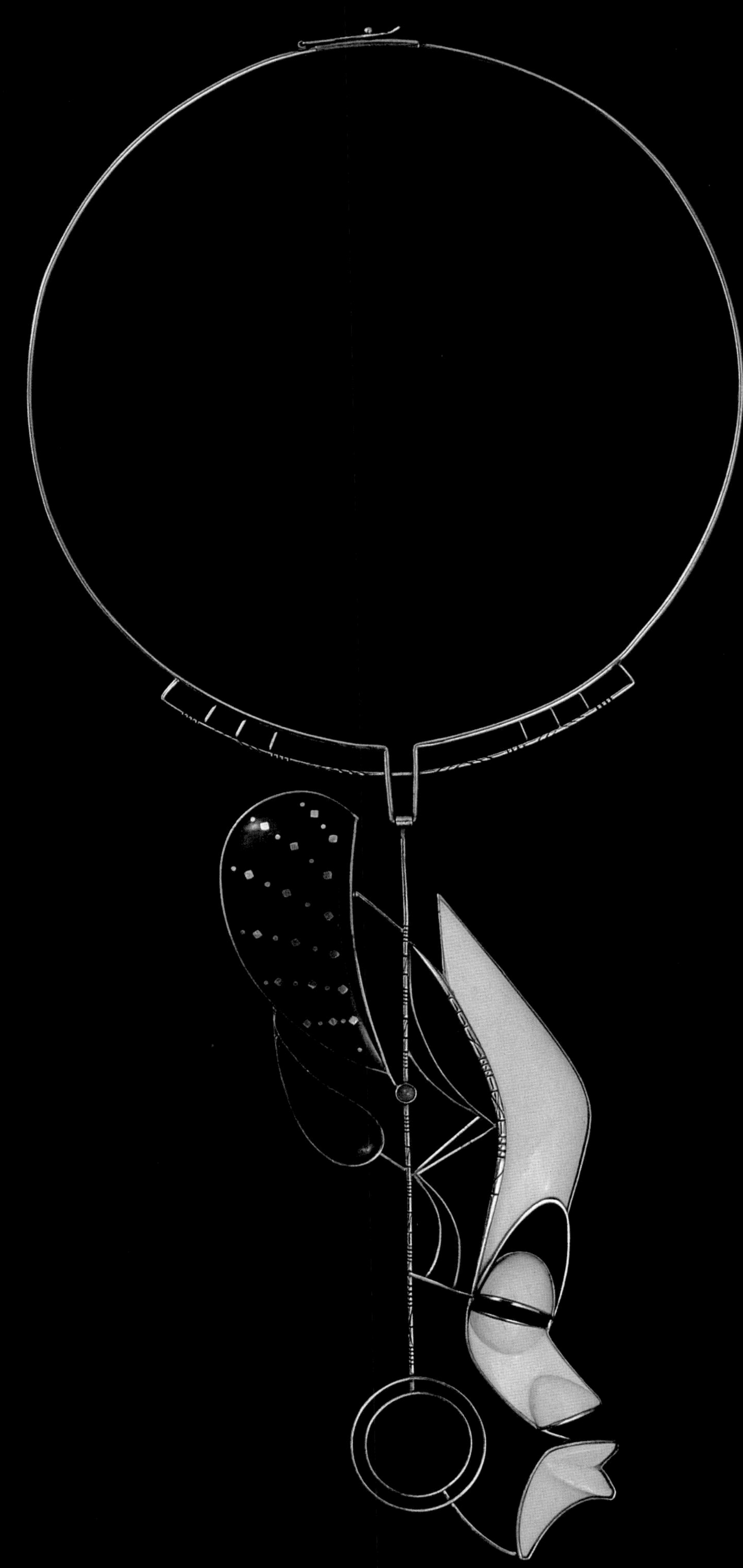

Mikhail Maslennikov
"Renaissance Grasshopper"
Brooch. 1990
German silver, titanium, fabrics, chromization, oxidation
0.3 x 7.2 x 8.5

Vladimir Zotov
"Light and Shadow"
Pectoral
1990
Argenton, bone, ebonite, coral, engraving, incrustation
1.3 x 15.2 x 33.5

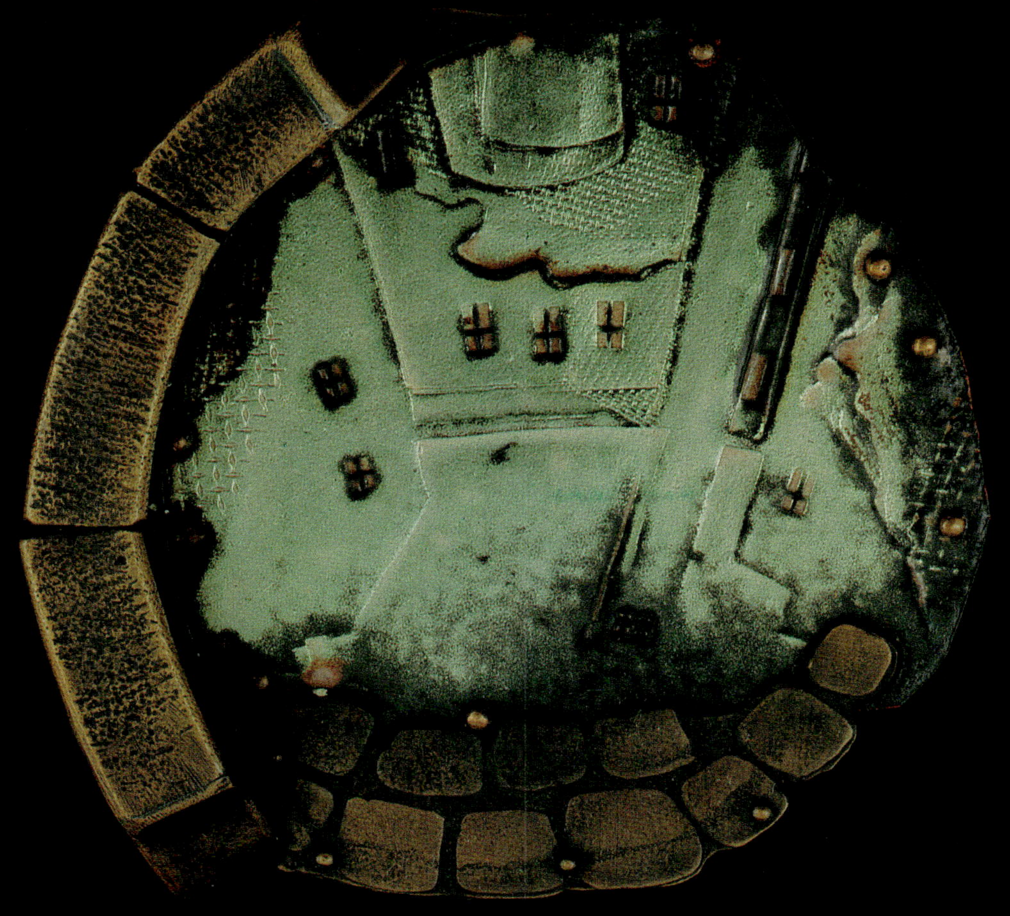

138–139 (1; 2)

Наталья Быкова
Композиция
из брошей
„В Ленинграде
от 0 до +5°С". 1990
Эмаль, медь,
гравировка,
оксидирование,
фактурение

Natalya Bykova
"In Leningrad
from 0 to +5°C"
Composition. Series
of Brooches. 1990
Enamel, copper,
engraving,
oxidation, textural
surface

4.6 x 9.2 x 1.4
1.2 x 8.6 x 8.4
5.6 x 7.8 x 1.2

140–141

Вера Наумова
Комплект из броши с наплечным украшением. 1991
Мельхиор, сталь, серебро, бумага, оксидирование, чернь, гравировка

Vera Naumova
Parure (brooch, shoulder decoration). 1991
German silver, steel, silver, paper, oxidation, niello, engraving

1.5 x 7.5 x 6.5
19.0 x 4.0 x 2.6

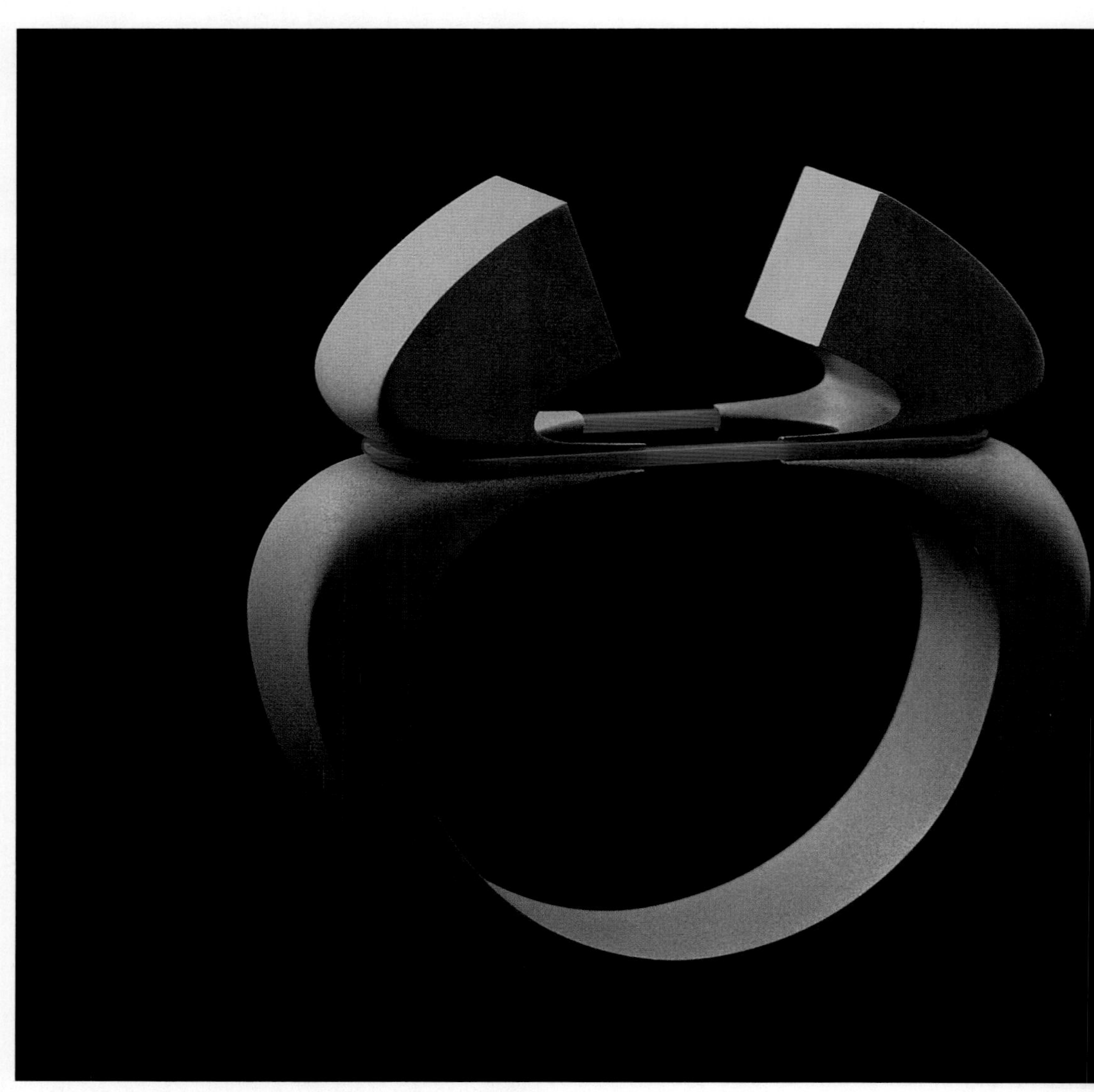

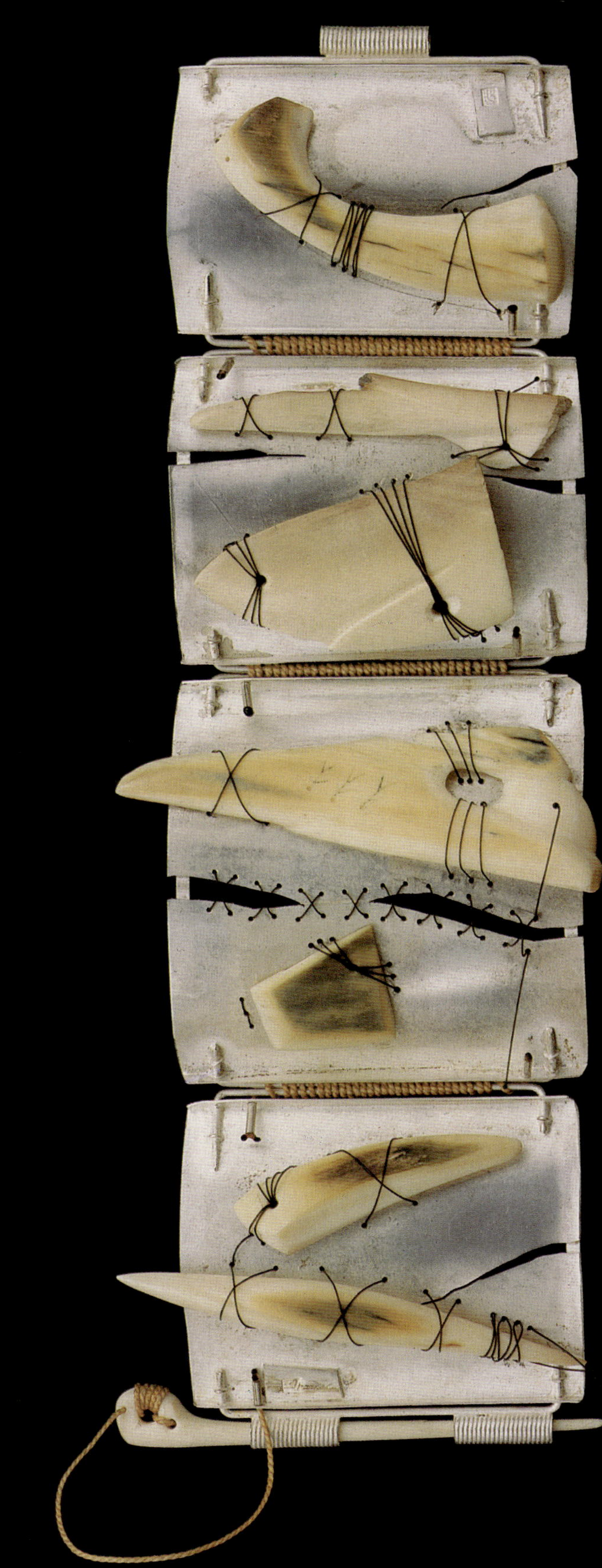

142

Владимир Гончаров	Vladimir Goncharov
Браслет. 1991	**Bracelet. 1991**
Алюминий, акрил,	Aluminium, acrylic,
литье, фактурение	casting, textural surface

9.5 x 9.8 x 2.0

143

Геннадий Быков	Gennady Bykov
Браслет. 1992	**Bracelet. 1992**
Серебро,	Silver,
бивень мамонта,	mammoth tusk,
синтетические нити	synthetic threads

2.8 x 19.3 x 6.3

144–145	
Вера Наумова,	**Vera Naumova,**
Владимир Наумов	**Vladimir Naumov**
Серия брошей	**Series of Brooches**
1992	**1992**
Сталь, медь, серебро,	Steel, copper, silver,
чернь, инкрустация	niello, incrustation

0.7 x 7.7 x 3.8
0.7 x 7.7 x 5.5

173

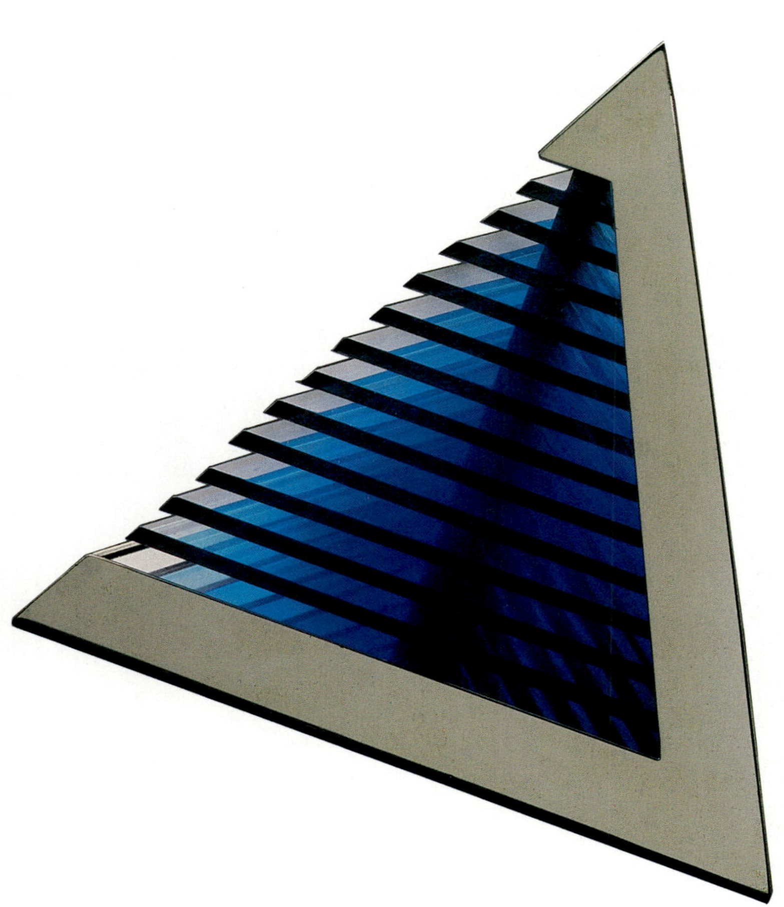

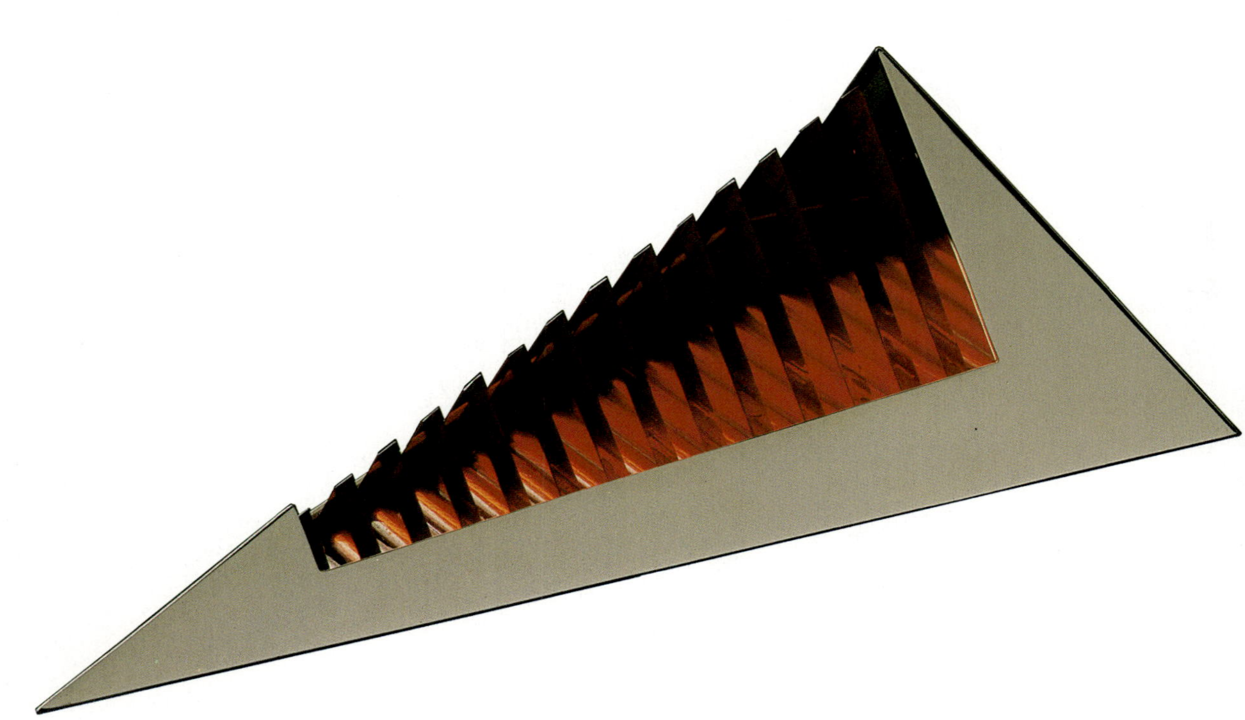

146–147

Геннадий Ленцов	Gennady Lentsov
Объекты. 1989	**Objects. 1989**
Мельхиор, стекло	German silver, glass

4.5 x 13.2 x 6.8
10.0 x 10.0 x 10.0

148

Владимир Гончаров	Vladimir Goncharov
Объект „Тема браслета“ 1988	**“Theme for Bracelet” Object 1988**
Сталь, акрил	Steel, acrylic

3.2 x 18.5 x 18.5

Фото **Photographs**

Н. Алексеев by N. Alekseev

8 10 21 28 29 31 32 34 36–38 42 44–48 51 52 54–60 63–67 69–71 73 75–94 96 98 101–111 113–120 122–125 128 129 133 136–138 140 142–147

Л. Мелихов by L. Melikhov
Н. Мелихова N. Melikhova

1–7 9 11–20 22–27 30 33 35 39–41 43 49 50 53 61 62 68 72 74 95 97 99 100 112 121 126 127 130–132 134 135 139 141 148

ПРИЛОЖЕНИЕ / ADDENDA

Список современных российских художников-ювелиров — List of Contemporary Russian Jewellers

Список иллюстраций — List of Plates

Библиография — Bibliography

ПРИНЯТЫЕ СОКРАЩЕНИЯ*

ACCEPTED ABBREVIATIONS OF ORGANIZATIONS

ВМДПНИ
Всероссийский музей декоративно-прикладного и народного искусства (Москва)

"VMDPNI"
(Vserossiiskii Muzei Dekorativno-Prikladnogo i Narodnogo Iskusstva)
The All-Russian Museum of Decorative-Applied and Folk Art, Moscow

ГИМ
Государственный Исторический музей (Москва)

"GIM"
(Gosudarstvennyi Istoricheskii Muzei)
The State Historic Museum, Moscow

ГРМ
Государственный Русский музей (Санкт-Петербург)

"GRM"
(Gosudarstvennyi Russkii Muzei)
The State Russian Museum, St. Petersburg

ЗГИХМЗ
Загорский государственный историко-художественный музей-заповедник

"ZGIKhMZ"
(Zagorskii Gosudarstvennyi Istoriko-Khudozhestvennyi Muzei-Zapovednik)
The Zagorsk State Museum-Reserve of History and Art

МНИ
Музей народного искусства (Москва)

"MNI"
(Muzei Narodnogo Iskusstva)
The Museum of Folk Art, Moscow

Оружейная палата
Государственная Оружейная палата Московского Кремля

The Armory Chamber, Moscow Kremlin
The State Armory Chamber, Moscow Kremlin

---

* Названия музеев даны по книге: Музеи СССР: Справочник. — М., 1990.

СПИСОК СОВРЕМЕННЫХ РОССИЙСКИХ ХУДОЖНИКОВ-ЮВЕЛИРОВ

LIST OF CONTEMPORARY RUSSIAN JEWELLERS

Авдеева Валентина Алексеевна
р. 1950, Москва
Окончила Московское художественно-промышленное училище им. М. И. Калинина.
Участвует в выставках с 1974 г.
Музейные коллекции: ГИМ (Москва), ВМДПНИ (Москва), ЗГИХМЗ (Сергиев Посад, Московская обл.).

Avdeeva Valentina
b. 1950, Moscow
Graduated from the Moscow Kalinin Art and Industrial School.
Has participated in exhibitions since 1974.
Her works are included in the permanent collections of "GIM", Moscow; "VMDPNI", Moscow; "ZGIKhMZ", Sergiev Posad (Moscow Region).

Анипко Виктор Николаевич
р. 1947, Санкт-Петербург
Участвует в выставках с 1978 г.
Музейные коллекции: ВМДПНИ (Москва).

Anipko Viktor
b. 1947, St. Petersburg
Has participated in exhibitions since 1978.
His works are included in the permanent collections of "VMDPNI", Moscow.

Афанасьев Владимир Семенович
р. 1944, Москва
Окончил Московское высшее художественно-промышленное училище (бывш. Строгановское).
Участвует в выставках с 1976 г.
Музейные коллекции: Оружейная палата (Москва), ГИМ (Москва), ВМДПНИ (Москва).

Afanasjev Vladimir
b. 1944, Moscow
Graduated from the Moscow Higher Art and Industrial School (formerly the Stroganov School).
Has participated in exhibitions since 1976.
His works are included in the permanent collections of The Armory Chamber, Moscow Kremlin; "GIM", Moscow; "VMDPNI", Moscow.

Балтро Татьяна Михайловна
р. 1951, Москва
Окончила Московское высшее художественно-промышленное училище (бывш. Строгановское).
Участвует в выставках с 1985 г.
Награды: диплом Международной выставки бижутерии „Яблонец-87" (бывш.Чехословакия).
Музейные коллекции: ВМДПНИ (Москва), Государственный историко-архитектурный художественный и природный музей „Царицыно" (Москва).

Baltro Tatyana
b. 1951, Moscow
Graduated from the Moscow Higher Art and Industrial School (formerly the Stroganov School).
Has participated in exhibitions since 1985.
Awarded a Diploma from the International Exhibition of Bijouterie "Yablonec-87" (former Czechoslovakia).
Her works are included in the permanent collections of "VMDPNI", Moscow; "Tsaritsino", The State Museum of History, Architecture and Nature, Moscow.

Белкина Татьяна Михайловна
р. 1948, Санкт-Петербург
Окончила Красносельское училище художественной обработки металлов (Красное-на-Волге, Костромская обл.).
Участвует в выставках с 1975 г.
Музейные коллекции: ВМДПНИ (Москва).

Belkina Tatyana
b. 1948, St. Petersburg
Graduated from the Krasnoselsk Art School of Decorative Metalwork (Krasnoye-on-Volga, Kostroma Region).
Has participated in exhibitions since 1975.
Her works are included in the permanent collections of "VMDPNI", Moscow.

Белякова Нина Ефимовна
р. 1925, Москва
Окончила Московское художественно-промышленное училище им. М. И. Калинина.
Участвует в выставках с 1961 г.
Награды: диплом Международной выставки бижутерии „Яблонец-71" (бывш. Чехословакия).
Музейные коллекции: Оружейная палата (Москва), ВМДПНИ (Москва), Тульский областной художественный музей.

Belyakova Nina
b. 1925, Moscow
Graduated from the Moscow Kalinin Art and Industrial School.
Has participated in exhibitions since 1961.
Awarded a Diploma from the International. Exhibition of Bijouterie "Yablonec-71" (former Czechoslovakia).
Her works are included in the permanent collections of The Armory Chamber, Moscow Kremlin; "VMDPNI", Moscow; The Tula Regional Museum of Art.

Бешенцева Инесса Борисовна
р. 1932, Москва
Окончила Московское высшее художественно-промышленное училище (бывш. Строгановское).
Участвует в выставках с 1960 г.
Награды: диплом Международной выставки бижутерии „Яблонец-71" (бывш. Чехословакия).
Музейные коллекции: Оружейная палата (Москва), ВМДПНИ (Москва), ЗГИХМЗ (Сергиев Посад, Московская обл.), ГРМ (Санкт-Петербург), Тамбовская областная картинная галерея, Дагестанский республиканский музей изобразительных искусств (Махачкала), Северо-Осетинский республиканский художественный музей им. М.С.Туганова (Владикавказ), Музей декоративно-прикладного искусства (Прага, Чехия).

Beshentseva Inessa
b. 1932, Moscow
Graduated from the Moscow Higher Art and Industrial School (formerly the Stroganov School).
Has participated in exhibitions since 1960.
Awarded a Diploma from the International Exhibition of Bijouterie "Yablonec-71" (former Czechoslovakia).
Her works are included in the permanent collections of The Armory Chamber, Moscow Kremlin; "VMDPNI", Moscow; "ZGIKhMZ", Sergiev Posad (Moscow Region); "GRM", St. Petersburg; The Tambov Regional Picture Gallery; The Daghestan Republican Museum of Arts, Makhach-Kala; The North Ossetian Republican Museum of Art named after Tuganov, Vladikavkaz; The Museum of Decorative and Applied Art, Prague (Czechia).

Бондаренко Ольга Сергеевна
р. 1951, Москва
Окончила Московский технологический институт.
Участвует в выставках с 1976 г.
Музейные коллекции: ВМДПНИ (Москва).

Bondarenko Olga
b. 1951, Moscow
Graduated from the Moscow Technological Institute.
Has participated in exhibitions since 1976.
Her works are included in the permanent collections of "VMDPNI", Moscow.

Борисова Людмила Федоровна
р. 1946, Москва
Окончила Московское высшее художественно-промышленное училище (бывш. Строгановское).
Участвует в выставках с 1970 г.
Музейные коллекции: ВМДПНИ (Москва), ЗГИХМЗ (Сергиев Посад, Московская обл.).

Borisova Ludmila
b. 1946, Moscow
Graduated from the Moscow Higher Art and Industrial School (formerly the Stroganov School).
Has participated in exhibitions since 1970.
Her works are included in the permanent collections of "VMDPNI", Moscow; "ZGIKhMZ", Sergiev Posad, Moscow Region.

Боровков-Куктенко Сергей Валентинович
р. 1956, Красное-на-Волге (Костромская обл.)
Окончил Красносельское училище. художественной обработки металлов (Красное-на-Волге, Костромская обл.)
Участвует в выставках с 1985 г.
Музейные коллекции: ВМДПНИ (Москва), Музей ювелирного искусства (Красное-на-Волге, Костромская обл.).

Borovkov-Kuktenko Sergei
b. 1956, Krasnoye-on-Volga (Kostroma Region)
Graduated from the Krasnoselsk School of Decorative Metalwork (Krasnoye-on-Volga, Kostroma Region).
Has participated in exhibitions since 1985.
His works are included in the permanent collections of "VMDPNI", Moscow; The Museum of Jewellery, Krasnoye-on-Volga (Kostroma Region).

Борщевский Михаил Александрович
р. 1940, Москва
Окончил Московский полиграфический институт.
Участвует в выставках с 1966 г.
Музейные коллекции: Оружейная палата (Москва), ВМДПНИ (Москва), ЗГИХМЗ (Сергиев Посад, Московская обл.), Алтайский краевой музей изобразительных и прикладных искусств (Барнаул).

Borshchevsky Mikhail
b. 1940, Moscow
Graduated from the Moscow Polygraphic Institute.
Has participated in exhibitions since 1966.
His works are included in the permanent collections of The Armory Chamber, Moscow Kremlin; "VMDPNI", Moscow; "ZGIKhMZ", Sergiev Posad (Moscow Region); The Altai Territorial Museum of Fine and Applied Arts, Barnaul.

Буданов Сергей Михайлович
р. 1922, Москва
Заслуженный деятель искусств России
Окончил Московский институт прикладного и декоративного искусства.
Участвует в выставках с 1956 г.
Музейные коллекции: Оружейная палата (Москва), ВМДПНИ (Москва), ГРМ (Санкт-Петербург), МНИ (Москва), ЗГИХМЗ (Сергиев Посад, Московская обл.), Алтайский краевой музей изобразительных и прикладных искусств (Барнаул), Бурятский художественный музей им. Ц. С. Сампилова (Улан-Удэ), Государственный художественный музей им. А. Н. Радищева (Саратов), Екатеринбургский областной музей изобразительных искусств, Кемеровская областная картинная галерея, Новокузнецкий музей изобразительного искусства, Ставропольский краевой музей изобразительных искусств.

Budanov Sergei
b. 1922, Moscow
Honoured Art Worker of Russia
Graduated from the Moscow Institute of Applied and Decorative Art.
Has participated in exhibitions since 1956.
His works are included in the permanent collections of The Armory Chamber, Moscow Kremlin; "VMDPNI", Moscow; "GRM", St. Petersburg; "MNI", Moscow; "ZGIKhMZ", Sergiev Posad (Moscow Region); The Altai Territorial Museum of Fine and Applied Arts, Barnaul; The Buryat Sampilov Museum of Art, Ulhan-Ude; The Radishchev State Museum of Art, Saratov; The Ekaterinburg Regional Museum of Fine Arts; The Picture Gallery of Kemerovo Region; The Museum of Fine Art, Novokuznetsk; The Stavropol Territorial Museum of Fine Arts.

Быков Геннадий Васильевич
р. 1946, Санкт-Петербург
Окончил Ленинградское высшее художественно-промышленное училище им. В.И.Мухиной.
Участвует в выставках с 1975 г. Персональные выставки (совместно с Н. А. Быковой): 1981, Санкт-Петербург; 1993, Москва.
Музейные коллекции: ВМДПНИ (Москва), Государственный историко-архитектурный, художественный и природный музей „Царицыно" (Москва), Черная галерея (Осетница, Польша).

Bykov Gennady
b. 1946, St. Petersburg
Graduated from the Leningrad Mukhina Higher Art and Industrial School (St. Petersburg).
Has participated in exhibitions since 1975. Solo exhibitions (jointly with N. Bykova): 1981 in St. Petersburg; 1993 in Moscow.
His works are included in the permanent collections of "VMDPNI", Moscow; "Tsaritsino", The State Museum of History, Architecture and Nature, Moscow; "Chjornaya Galereja", Osetnitsa (Poland).

Быкова Наталья Абрамовна
р. 1945, Санкт-Петербург
Окончила Ленинградское высшее художественно-промышленное училище им. В. И. Мухиной.
Участвует в выставках с 1972 г. Персональные выставки (совместно с Г. В. Быковым): 1981, Санкт-Петербург; 1993, Москва.
Музейные коллекции: ГИМ (Москва), ВМДПНИ (Москва), Музей янтаря (Калининград).

Bykova Natalya
b. 1945, St. Petersburg
Graduated from the Leningrad Mukhina Higher Art and Industrial School (St. Petersburg).
Has participated in exhibitions since 1972.
Solo exhibitions (jointly with G. Bykov): 1981 in St. Petersburg; 1993 in Moscow.
Her works are included in the permanent collections of "GIM", Moscow; "VMDPNI", Moscow; The Museum of Amber, Kaliningrad.

Гаттенбергер Наталья Леонидовна
р. 1932, Москва
Окончила Московское высшее художественно-промышленное училище (бывш. Строгановское).
Участвует в выставках с 1964 г.
Персональная выставка: 1979, Москва.
Музейные коллекции: ГИМ (Москва), ВМДПНИ (Москва), ЗГИХМЗ (Сергиев Посад, Московская обл.), ГРМ (Санкт-Петербург), Государственный музей палехского искусства (Палех, Ивановская обл.), Пермская государственная художественная галерея, Муниципальный музей города Лиможа (Франция).

Gattenberger Natalya
b. 1932, Moscow
Graduated from the Moscow Higher Art and Industrial School (formerly the Stroganov School).
Has participated in exhibitions since 1964. Solo exhibition: 1979 in Moscow.
Her works are included in the permanent collections of "GIM", Moscow; "VMDPNI", Moscow; "ZGIKhMZ", Sergiev Posad (Moscow Region); "GRM", St. Petersburg: The State Museum of Palekh Art, Palekh (Ivanovo Region); The State Picture Gallery, Perm: The Municipal Museum of the City of Limoges (France).

Головцов Александр Николаевич
р. 1946, Москва
Окончил Московский архитектурный институт.
Участвует в выставках с 1983 г.
Музейные коллекции: ВМДПНИ (Москва).

Golovtsov Alexander
b. 1946, Moscow
Graduated from the Moscow Architectural Institute.
Has participated in exhibitions since 1983.
His works are included in the permanent collections of "VMDPNI", Moscow.

Гончаров Владимир Валентинович
р. 1950, Москва
Окончил Московское высшее художественно-промышленное училище (бывш. Строгановское).
Участвует в выставках с 1969 г.
Награды: диплом Международной выставки бижутерии „Яблонец-87" (бывш. Чехословакия).
Музейные коллекции: ВМДПНИ (Москва), Екатеринбургский областной музей изобразительных искусств.

Goncharov Vladimir
b. 1950, Moscow
Graduated from the Moscow Higher Art and Industrial School (formerly the Stroganov School).
Has participated in exhibitions since 1969.
Awarded a Diploma from the International Exhibition of Bijouterie "Yablonec-87" (former Czechoslovakia).
His works are included in the permanent collections of "VMDPNI", Moscow; The Ekaterinburg Regional Museum of Fine Arts.

Дороднов Алексей Аркадьевич
р. 1952, Москва
Окончил Московский государственный педагогический институт.
Участвует в выставках с 1978 г. Персональная выставка: 1992, Москва.
Музейные коллекции: ВМДПНИ (Москва).

Dorodnov Alexei
b. 1952, Moscow
Graduated from the Moscow State Pedagogical Institute.
Has participated in exhibitions since 1978.
Solo exhibition: 1992 in Moscow.
His works are included in the permanent collections of "VMDPNI", Moscow.

Дорофеева Ирина Вазгеновна
р. 1947, Москва
Окончила Московское высшее художественно-промышленное училище (бывш. Строгановское).
Участвует в выставках с 1979 г.
Музейные коллекции: ВМДПНИ (Москва).

Dorofeeva Irina
b. 1947, Moscow
Graduated from the Moscow Higher Art and Industrial School (formerly the Stroganov School).
Has participated in exhibitions since 1979.
Her works are included in the permanent collections of "VMDPNI", Moscow.

Елфимов Николай Григорьевич
р. 1945, Москва
Окончил Московское художественно-промышленное училище им. М. И. Калинина.
Участвует в выставках с 1979 г.
Музейные коллекции: Оружейная палата (Москва), ГИМ (Москва), ВМДПНИ (Москва), ЗГИХМЗ (Сергиев Посад, Московская обл.), Пермская государственная художественная галерея.

Elfimov Nikolai
b. 1945, Moscow
Graduated from the Moscow Kalinin Art and Industrial School
Has participated in exhibitions since 1979.
His works are included in the permanent collections of The Armory Chamber, Moscow Kremlin; "GIM", Moscow; "VMDPNI", Moscow; "ZGIKhMZ", Sergiev Posad (Moscow Region); The State Picture Gallery, Perm.

Ежкин Николай Борисович
р. 1953, Москва
Участвует в выставках с 1984 г.
Музейные коллекции: ВМДПНИ (Москва).

Jozhkin Nikolai
b. 1953, Moscow
Has participated in exhibitions since 1984.
His works are included in the permanent collections of "VMDPNI", Moscow.

Зальцман Петр Минкович
р. 1952, Санкт-Петербург
Окончил Институт живописи, скульптуры и архитектуры им. И. Е. Репина (Санкт-Петербург).
Участвует в выставках с 1976 г.
Музейные коллекции: ВМДПНИ (Москва), Государственный Эрмитаж (Санкт-Петербург).

Zaltsman Piotr
b. 1952, St. Petersburg
Graduated from the Repin Institute of Painting, Sculpture and Architecture (St. Petersburg).
Has participated in exhibitions since 1976.
His works are included in the permanent collections of "VMDPNI", Moscow; The Hermitage, St. Petersburg.

Зенкова Зинаида Михайловна
р. 1926, Москва
Заслуженный художник России
Окончила Московское художественно-промышленное училище им. М. И. Калинина.
Участвует в выставках с 1957 г.
Музейные коллекции: ВМДПНИ (Москва), МНИ (Москва), ЗГИХМЗ (Сергиев Посад, Московская обл.).

Zenkova Zinaida
b. 1926, Moscow
Honoured Artist of Russia
Graduated from the Moscow Kalinin Art and Industrial School.
Has participated in exhibitions since 1957.
Her works are included in the permanent collections of "VMDPNI", Moscow; "MNI", Moscow; "ZGIKhMZ", Sergiev Posad (Moscow Region).

Зотов Владимир Алексеевич
р. 1934, Москва
Окончил Московский государственный художественный институт им. В. И. Сурикова.
Участвует в выставках с 1957 г.
Персональная выставка: 1990, Москва.
Награды: серебряная медаль Международной выставки бижутерии „Яблонец-77", диплом —„Яблонец-83" (бывш. Чехословакия).
Музейные коллекции:
ГИМ (Москва), ВМДПНИ (Москва), ЗГИХМЗ (Сергиев Посад, Московская обл.).

Zotov Vladimir
b. 1934, Moscow
Graduated from the Moscow Surikov State Art Institute.
Has participated in exhibitions since 1957. Solo exhibition: 1990 in Moscow.
Awarded the Silver Medal from the International Exhibition of Bijouterie "Yablonec-77", a Diploma at the International Exhibition of Bijouterie "Yablonec-83" (former Czechoslovakia).
His works are included in the permanent collections of "GIM", Moscow; "VMDPNI", Moscow; "ZGIKhMZ", Sergiev Posad (Moscow Region).

Каменский Александр Львович
р. 1953, Москва
Окончил Московское высшее художественно-промышленное училище (бывш. Строгановское).
Участвует в выставках с 1983 г.
Музейные коллекции:
ГИМ (Москва), ВМДПНИ (Москва), Екатеринбургский областной музей изобразительных искусств.

Kamensky Alexander
b. 1953, Moscow
Graduated from the Moscow Higher Art and Industrial School (formerly the Stroganov School).
Has participated in exhibitions since 1983.
His works are included in the permanent collections of "GIM", Moscow; "VMDPNI", Moscow; The Ekaterinburg Regional Museum of Fine Arts.

Коловангина Любовь Ивановна
р. 1947, Москва
Музейные коллекции:
ВМДПНИ (Москва).

Kolovangina Lubov
b. 1947, Moscow
Her works are included in the permanent collections of "VMDPNI", Moscow.

Корнеев Леонид Евгеньвич
р. 1955, Москва
Участвует в выставках с 1979 г.
Музейные коллекции:
ВМДПНИ (Москва).

Korneev Leonid
b. 1955, Moscow
Has participated in exhibitions since 1979.
His works are included in the permanent collections of "VMDPNI", Moscow.

Кузнецов Феликс Александрович
р. 1940, Москва
Окончил Московское высшее художественно-промышленное училище (бывш. Строгановское).
Участвует в выставках с 1969 г. Персональная выставка: 1992, Москва.
Награды: золотая медаль Международной выставки бижутерии „Яблонец-83", диплом — „Яблонец-87" (бывш. Чехословакия), диплом Международной выставки „Колор" (1988, Легница, Польша).
Музейные коллекции:
ГИМ (Москва), ВМДПНИ (Москва), ЗГИХМЗ (Сергиев Посад, Московская обл.), Музей города Кечкемета (Венгрия).

Kuznetsov Felix
b. 1940, Moscow
Graduated from the Moscow Higher Art and Industrial School (formerly the Stroganov School).
Has participated in exhibitions since 1969. Solo exhibition: 1992 in Moscow.
Awarded the Gold Medal from the International Exhibition of Bijouterie "Yablonec-83", a Diploma of the International Exhibition of Bijouterie "Yablonec-87" (former Czechoslovakia), a Diploma of the International Exhibition "Kolor" (1988, Legnitsa, Poland).
His works are included in the permanent collections of "GIM", Moscow; "VMDPNI", Moscow; "ZGIKhMZ", Sergiev Posad (Moscow Region); The Museum of the City of Kechkemet (Hungary).

Кузнецова Ольга Вадимовна
р. 1944, Москва
Окончила Московское высшее художественно-промышленное училище (бывш. Строгановское). Участвует в выставках с 1978 г. В 1988 году участвовала в специальной экспозиции „Ювелирные украшения с эмалью" в рамках Международного биеннале эмали (Лимож, Франция). Персональная выставка: 1993, Москва.
Награды: золотая медаль Международной выставки бижутерии „Яблонец-87" (бывш. Чехословакия), первая премия Международного семинара по эмали (1988, Кечкемет, Венгрия).
Музейные коллекции:
ГИМ (Москва), ВМДПНИ (Москва), ЗГИХМЗ (Сергиев Посад, Московская обл.), Музей города Кечкемета (Венгрия).

Kuznetsova Olga
b. 1944, Moscow
Graduated from the Moscow Higher Art and Industrial School (formerly the Stroganov School).
Has participated in exhibitions since 1978.
In 1988 participated in the "Jewellery with Enamel" exhibition at the International Biennale of Enamel (Limoges, France).
Solo exhibition: 1993 in Moscow.
Awarded the Gold Medal from the International Exhibition of Bijouterie "Yablonec-87" (former Czechoslovakia), First Prize at the International Seminar on Enamel (1988, Kechkemet, Hungary).
Her works are included in the permanent collections of "GIM", Moscow; "VMDPNI", Moscow; "ZGIKhMZ", Sergiev Posad (Moscow Region); The Museum of the City of Kechkemet (Hungary).

Ленцов Геннадий Георгиевич
р. 1954, Москва
Окончил художественное профессиональное училище (Екатеринбург).
Участвует в выставках с 1973 г. Персональная выставка: 1993, Екатеринбург.
Награды: диплом Квадриеннале художественных ремесел стран социалистического содружества (1986, Эрфурт, Германия), золотая медаль Международной выставки бижутерии „Яблонец-87" (бывш. Чехсловакия).
Музейные коллекции: Оружейная палата (Москва), Государственный историко-архитектурный, художественный и природный музей „Царицыно" (Москва), Екатеринбургский областной музей изобразительных искусств.

Lentsov Gennady
b. 1954, Moscow
Graduated from the Art Vocational School (Ekaterinburg).
Has participated in exhibitions since 1973.
Solo exhibition: 1993 in Ekaterinburg.
Awarded a Diploma from the Arts and Crafts Quadriennale of Socialist Countries (1986, Erfurt, Germany), the Gold Medal from the International Exhibition of Bijouterie "Yablonec-87" (former Czechoslovakia).
His works are included in the permanent collections of The Armory Chamber, Moscow Kremlin; "Tsaritsino", The State Museum of History, Architecture and Nature, Moscow; The Ekaterinburg Regional Museum of Fine Arts.

Макиевская Татьяна Соломоновна
р. 1947, Санкт-Петербург
Окончила Ленинградское высшее художественно-промышленное училище им. В. И. Мухиной.
Участвует в выставках с 1970 г.
Музейные коллекции: ГИМ (Москва), ВМДПНИ (Москва), Государственный музей истории Санкт-Петербурга (Санкт-Петербург).

Makievskaya Tatyana
b. 1947, St. Petersburg
Graduated from the Leningrad Mukhina Higher Art and Industrial School (St. Petersburg).
Has participated in exhibitions since 1970.
Her works are included in the permanent collections of "GIM", Moscow; "VMDPNI", Moscow; The State History Museum of the City of St. Petersburg, St. Petersburg.

Масленников Михаил Валерьевич
р. 1961, Москва
Окончил Московское высшее художественно-промышленное училище (бывш. Строгановское).
Участвует в выставках с 1988 г.
Музейные коллекции:
ВМДПНИ (Москва).

Maslennikov Mikhail
b. 1961, Moscow
Graduated from the Moscow Higher Art and Industrial School (formerly the Stroganov School).
Has participated in exhibitions since 1988.
His works are included in the permanent collections of "VMDPNI", Moscow.

Наумов Владимир Михайлович
р. 1947, Курск
Окончил Красносельское училище художественной обработки металлов (Красное-на-Волге, Костромская обл.).
Участвует в выставках с 1974 г.
Музейные коллекции: ВМДПНИ (Москва).

Naumov Vladimir
b. 1947, Kursk
Graduated from the Krasnoselsk Art School of Decorative Metalwork (Krasnoye-on-Volga, Kostroma Region).
Has participated in exhibitions since 1974.
His works are included in the permanent collections of "VMDPNI", Moscow.

Наумова Вера Николаевна
р. 1953, Курск
Окончила Красносельское училище художественной обработки металлов (Красное-на-Волге, Костромская обл.).
Участвует в выставках с 1973 г.
Музейные коллекции: ВМДПНИ (Москва).

Naumova Vera
b. 1953, Kursk
Graduated from the Krasnoselsk Art School of Decorative Metalwork (Krasnoye-on-Volga, Kostroma Region).
Has participated in exhibitions since 1973.
Her works are included in the permanent collections of "VMDPNI", Moscow.

Оркин Олег Исаакович
р. 1949, Санкт-Петербург
Участвует в выставках с 1973 г.
Музейные коллекции: ВМДПНИ (Москва).

Orkin Oleg
b. 1949, St. Petersburg
Has participated in exhibitions since 1973.
His works are included in the permanent collections of "VMDPNI", Moscow.

Остров Борис Ильич
р. 1938, Москва
Ныне живет в США
Окончил Московское высшее художественно-промышленное училище (бывш. Строгановское).
Участвует в выставках с 1969 г.
Музейные коллекции: ВМДПНИ (Москва).

Ostrov Boris
b. 1938, Moscow
Currently lives in the USA
Graduated from the Moscow Higher Art and Industrial School (formerly the Stroganov School).
Has participated in exhibitions since 1969.
His works are included in the permanent collections of "VMDPNI", Moscow.

Паас-Александрова Ютта Иоханнесовна
р. 1927, Санкт-Петербург
Окончила Государственный художественный институт Эстонии.
Участвует в выставках с 1953 г.
Персональная выставка: 1987, Москва.
Награды: бронзовая медаль Международной выставки бижутерии „Яблонец-71" (бывш. Чехословакия), диплом Квадриеннале художественных ремесел стран социалистического содружества (1986, Эрфурт, Германия).
Музейные коллекции: ГИМ (Москва), ВМДПНИ (Москва), ЗГИХМЗ (Сергиев Посад, Московская обл.), Горный музей (Санкт-Петербург), Алтайский краевой музей изобразительных и прикладных искусств (Барнаул), Ангарский городской краеведческий музей (Ангарск, Иркутская обл.), Музей янтаря (Калининград), Мурманский областной краеведческий музей, Новосибирская областная картинная галерея, Республиканский художественный музей Коми (Сыктывкар), Томский государственный объединенный историко-архитектурный музей, Тульский областной художественный музей.

Paas-Alexandrova Jutta
b. 1927, St. Petersburg
Graduated from the State Art Institute of Estonia.
Has participated in exhibitions since 1953.
Solo exhibition: 1987 in Moscow.
Awarded the Bronze Medal from the International Exhibition of Bijouterie "Yablonec-71" (former Czechoslovakia), a Diploma from the Arts and Crafts Quadriennale of Socialist Countries (1986, Erfurt, Germany).
Her works are included in the permanent collections of "GIM", Moscow; "VMDPNI", Moscow; "ZGIKhMZ", Sergiev Posad (Moscow Region); The Museum of Mining, St. Petersburg; The Altai Territorial Museum of Fine and Applied Arts, Barnaul; The Angarsk City Museum of Local History, Irkutsk Region; The Museum of Amber, Kaliningrad; The Murmansk Regional Museum of Local History; The Novosibirsk Regional Picture Gallery; The Komi Republican Museum of Art, Syktyvkar; The Tomsk State Museum of History and Architecture; The Tula Regional Museum of Art.

Поволоцкая Вера Георгиевна
р. 1932, Санкт-Петербург
Окончила Ленинградское высшее художественно-промышленное училище им. В. И. Мухиной.
Участвует в выставках с 1958 г.
Музейные коллекции: ГИМ (Москва), ВМДПНИ (Москва), ГРМ (Санкт-Петербург), Калининградский областной историко-художественный музей, Музей янтаря (Калининград), Музей В.И.Ленина (Турку, Финляндия).

Povolotskaya Vera
b. 1932, St. Petersburg
Graduated from the Leningrad Mukhina Higher Art and Industrial School (St. Petersburg).
Has participated in exhibitions since 1958.
Her works are included in the permanent collections of "GIM", Moscow; "VMDPNI", Moscow; "GRM", St. Petersburg; The Kaliningrad Regional Museum of History and Art; The Museum of Amber, Kaliningrad; The Lenin Museum, Turku (Finland).

Подлубная Леокадия Ильинична
1913–1983, Москва
Окончила Московский архитектурный институт.
Участвовала в выставках с 1960 г.
Персональная выставка: 1982, Москва.
Музейные коллекции: ВМДПНИ (Москва).

Podlubnaya Leokadiya
1913-1983, Moscow
Graduated from the Moscow Architectural Institute.
Participated in exhibitions from 1960.
Solo exhibition: 1982 in Moscow.
Her works are included in the permanent collections of "VMDPNI", Moscow.

Поздняков Владимир Николаевич
р. 1947, Москва
Участвует в выставках с 1979 г.
Музейные коллекции: ВМДПНИ (Москва).

Pozdnyakov Vladimir
b. 1947, Moscow
Has participated in exhibitions since 1979.
His works are included in the permanent collections of "VMDPNI", Moscow.

Попов Алексей Алексеевич
1931–1977, Москва
Окончил Институт живописи, скульптуры и архитектуры им. И. Е. Репина (Санкт-Петербург).
Участвовал в выставках с 1962 г. Персональные выставки (совместно с А. Е. Ярошенко): 1977, Москва; 1978, Калининград; 1978, Череповец.
Музейные коллекции: Оружейная палата (Москва), ВМДПНИ (Москва), ЗГИХМЗ (Сергиев Посад, Московская обл.), ГРМ (Санкт-Петербург), Музей янтаря (Калининград), Новосибирская областная картинная галерея, Пермская государственная художественная галерея, Смоленский областной музей изобразительных и прикладных искусств им. С. Т. Коненкова, Тамбовская областная картинная галерея, Тюменская областная картинная галерея, Череповецкий краеведческий музей.

Popov Alexei
1931-1977, Moscow
Graduated from the Repin Institute of Painting, Sculpture and Architecture (St. Petersburg).
Participated in exhibitions from 1962. Solo exhibitions (jointly with A. E. Yaroshenko): 1977 in Moscow; 1978 in Kaliningrad; 1978 in Cherepovets.
His works are included in the permanent collections of The Armory Chamber, Moscow Kremlin; "VMDPNI", Moscow; "ZGIKhMZ", Sergiev Posad (Moscow Region); "GRM", St. Petersburg; The Museum of Amber, Kaliningrad; The Novosibirsk Regional Picture Gallery; The State Picture Gallery, Perm; The Smolensk Regional Museum of Fine and Applied Arts named after Konenkov; The Tambov Regional Picture Gallery; The Tyumen Regional Picture Gallery; The Cherepovets Museum of Local History.

Попов Дмитрий Михайлович
р. 1948, Москва
Ныне живет в США
Окончил Московское высшее художественно-промышленное училище (бывш. Строгановское).
Участвует в выставках с 1974 г.
Музейные коллекции: ВМДПНИ (Москва).

Popov Dmitry
b. 1948, Moscow
Currently lives in the USA
Graduated from the Moscow Higher Art and Industrial School (formerly the Stroganov School).
Has participated in exhibitions since 1974.
His works are included in the permanent collections of "VMDPNI", Moscow.

Савельев Юрий Петрович
1931–1981, Москва
Окончил школу художественных ремесел (Москва).
Участвовал в выставках с 1970 г.
Музейные коллекции:
ВМДПНИ (Москва).

Saveljev Jury
1931-1981, Moscow
Graduated from the Moscow School of Arts and Crafts.
Participated in exhibitions from 1970.
His works are included in the permanent collections of "VMDPNI", Moscow.

Сарыкин Евгений Владимирович
р. 1935, Москва
Окончил школу художественных ремесел (Москва).
Участвует в выставках с 1974 г.
Музейные коллекции:
Оружейная палата (Москва),
ГИМ (Москва), ВМДПНИ (Москва),
ЗГИХМЗ (Сергиев Посад, Московская обл.).

Sarykin Evgeny
b. 1935, Moscow
Graduated from the Moscow School of Arts and Crafts.
Has participated in exhibitions since 1974.
His works are included in the permanent collections of The Armory Chamber, Moscow Kremlin; "GIM", Moscow; "VMDPNI", Moscow; "ZGIKhMZ", Sergiev Posad (Moscow Region).

Селезнева Галина Сергеевна
р. 1960, Москва
Окончила Федоскинскую школу миниатюрной живописи (Федоскино, Московская обл.).
Участвует в выставках с 1981 г.
Музейные коллекции: ВМДПНИ (Москва),
Московский областной краеведческий музей (Истра),
ЗГИХМЗ (Сергиев Посад, Московская обл.).

Seleznyova Galina
b. 1960, Moscow
Graduated from the Fedoskino School of Miniature Painting (Moscow Region).
Has participated in exhibitions since 1981.
Her works are included in the permanent collections of "VMDPNI", Moscow; The Moscow Regional Museum of Local History, Istra (Moscow Region); "ZGIKhMZ", Sergiev Posad (Moscow Region).

Селиванов Андрей Николаевич
р. 1950, Москва
Участвует в выставках с 1975 г.
Музейные коллекции:
ВМДПНИ (Москва).

Selivanov Andrei
b. 1950, Moscow
Has participated in exhibitions since 1975.
His works are included in the permanent collections of "VMDPNI", Moscow.

Тимофеев Валерий Трофимович
р. 1941, Москва
Участвует в выставках с 1984 г.
Музейные коллекции:
ВМДПНИ (Москва), ЗГИХМЗ (Сергиев Посад, Московская обл.).

Timofeev Valery
b. 1941, Moscow
Has participated in exhibitions since 1984.
His works are included in the permanent collections of "VMDPNI", Moscow; "ZGIKhMZ", Sergiev Posad (Moscow Region).

Тихомиров Владимир Игоревич
р. 1937, Москва
Окончил Московское высшее художественно-промышленное училище (бывш. Строгановское).
Участвует в выставках с 1975 г.
Награды: премия Квадриеннале художественных ремесел стран социалистического содружества (1982, Эрфурт, Германия), золотая медаль Международной выставки бижутерии „Яблонец-83" (бывш. Чехословакия), особый диплом жюри Международного Биеннале эмали (1984, Лимож, Франция).
Музейные коллекции: Оружейная палата (Москва), ГИМ (Москва), ВМДПНИ (Москва), Красноярский краевой художественный музей им. В. И. Сурикова, Серпуховской историко-художественный музей.

Tikhomirov Vladimir
b. 1937, Moscow
Graduated from the Moscow Higher Art and. Industrial School (formerly the Stroganov Institute).
Has participated in exhibitions since 1975.
Awarded a Prize from the Arts and Crafts Quadriennale of Socialist Countries (1982, Erfurt, Germany), the Gold Medal from the International Exhibition of Bijouterie "Yablonec-83" (former Czechoslovakia), Jury's Special Diploma at the International Biennale of Enamel (1984, Limoges, France).
His works are included in the permanent collections of The Armory Chamber, Moscow Kremlin; "GIM", Moscow; "VMDPNI", Moscow; The Krasnoyarsk Territorial Museum of Art named after Surikov; The Museum of History and Art, Serpukhov.

Тихомирова Татьяна Ефимовна
р. 1945, Москва
Окончила Московское высшее художественно-промышленное училище (бывш. Строгановское).
Участвует в выставках с 1975 г.
Награды: премия Квадриеннале художественных ремесел стран социалистического содружества (1982, Эрфурт, Германия), золотая медаль Международной выставки бижутерии „Яблонец-83" (бывш. Чехословакия).
Музейные коллекции: Оружейная палата (Москва), ГИМ (Москва), ВМДПНИ (Москва), Красноярский краевой художественный музей им. В.И.Сурикова, Серпуховской историко-художественный музей.

Tikhomirova Tatyana
b. 1945, Moscow
Graduated from the Moscow Higher Art and Industrial School (formerly the Stroganov School).
Has participated in exhibitions since 1975.
Awarded a Prize from the Arts and Crafts Quadriennale of Socialist Countries (1982, Erfurt, Germany); the Gold Medal from the International Exhibition of Bijouterie "Yablonec-83" (former Czechoslovakia).
Her works are included in the permanent collections of The Armory Chamber, Moscow Kremlin; "GIM", Moscow; "VMDPNI", Moscow; The Krasnoyarsk Territorial Museum of Art named after Surikov; The Museum of History and Art, Serpukhov.

Тоне Мария Александровна
р. 1922, Москва
Заслуженный художник России
Окончила Московский институт прикладного и декоративного искусства.
Участвует в выставках с 1947 г.
Музейные коллекции: ГИМ (Москва), ВМДПНИ (Москва), МНИ (Москва), Исторический музей Украины (Киев), Музей фабрики „Ростовская финифть" (Ростов-Ярославский).

Tone Maria
b. 1922, Moscow
Honoured Artist of Russia
Graduated from the Moscow Institute of Applied and Decorative Art.
Has participated in exhibitions since 1947.
Her works are included in the permanent collections of "GIM", Moscow; "VMDPNI", Moscow; "MNI", Moscow; The Historic Museum of Ukraine, Kiev (Ukraine); The "Rostov Finift" Factory Museum, Rostov Yaroslavsky.

Устюжанин Владимир Николаевич
р. 1952, Екатеринбург
Окончил Красносельское училище художественной обработки металлов (Красное-на-Волге, Костромская обл.).
Участвует в выставках с 1977 г.
Музейные коллекции: ВМДПНИ (Москва), Екатеринбургский областной музей изобразительных искусств.

Ustjuzhanin Vladimir
b. 1952, Ekaterinburg
Graduated from the Krasnoselsk Art School of Decorative Metalwork (Krasnoye-on-Volga, Kostroma Region).
Has participated in exhibitions since 1977.
His works are included in the permanent collections of "VMDPNI", Moscow; The Ekaterinburg Regional Museum of History and Art.

Фомин Владислав Михайлович
р. 1940, Екатеринбург
Окончил художественное профессиональное училище (Екатеринбург).
Участвует в выставках с 1964 г.
Музейные коллекции: ВМДПНИ (Москва), Екатеринбургский областной музей изобразительных искусств.

Fomin Vladislav
b. 1940, Ekaterinburg
Graduated from the Art Vocational School in Ekaterinburg.
Has participated in exhibitions since 1964.
His works are included in the permanent collections of "VMDPNI", Moscow; The Ekaterinburg Regional Museum of Fine Arts.

Фонтон Вера Николаевна
р. 1959, Москва
Окончила Московское высшее художественно-промышленное училище (бывш. Строгановское).
Участвует в выставках с 1986 г.
Музейные коллекции: ВМДПНИ (Москва).

Fonton Vera
b. 1959, Moscow
Graduated from the Moscow Higher Art and Industrial School (formerly the Stroganov School).
Has participated in exhibitions since 1986.
Her works are included in the permanent collections of "VMDPNI", Moscow.

Храмцов Владислав Михайлович
р. 1932, Екатеринбург
Заслуженный деятель искусств России
Окончил отделение искусствоведения Уральского государственного университета им. А. М. Горького (Екатеринбург).
Участвует в выставках с 1960 г. Персональные выставки: 1982, 1985, Екатеринбург; 1985, Москва.
Музейные коллекции: Оружейная палата (Москва), ВМДПНИ (Москва), ЗГИХМЗ (Сергиев Посад, Московская обл.), Екатеринбургский государственный объединенный историко-революционный музей, Екатеринбургский областной музей изобразительных искусств, Калининградский областной историко-художественный музей, Кемеровская областная картинная галерея, Красноярский краевой художественный музей им. В. И. Сурикова, Магнитогорская картинная галерея, Новосибирская областная картинная галерея, Оренбургский областной музей изобразительных искусств, Пермская государственная художественная галерея, Северо-Осетинский республиканский художественный музей им. М. С. Туганова (Владикавказ), Тюменская областная картинная галерея, Читинский областной художественный музей.

Khramtsov Vladislav
b. 1932, Ekaterinburg
Honoured Art Worker of Russia
Graduated from the Ural State University, Art Department, Ekaterinburg.
Has participated in exhibitions since 1960.
Solo exhibitions: 1982, 1985 in Ekaterinburg; 1985 in Moscow.
His works are included in the permanent collections of The Armory Chamber, Moscow Kremlin; "VMDPNI", Moscow; "ZGIKhMZ", Sergiev Posad (Moscow Region); The Ekaterinburg State Museum of History and Revolution; The Ekaterinburg Regional Museum of Fine Arts; The Kaliningrad Regional Museum of History and Art; The Picture Gallery of Kemerovo Region; The Krasnoyarsk Territorial Museum of Art named after Surikov; The Picture Gallery, Magnitogorsk; The Novosibirsk Regional Picture Gallery; The Orenburg Regional Museum of Fine Arts; The State Picture Gallery, Perm; The North Ossetian Republican Museum of Art named after Tuganov, Vladikavkaz; The Tyumen Regional Picture Gallery; The Chita Regional Museum of Art.

Шедов Иван Степанович
р. 1942, Кострома
Окончил Красносельское училище художественной обработки металлов (Красное-на-Волге, Костромская обл.).
Участвует в выставках с 1969 г.
Музейные коллекции: ВМДПНИ (Москва).

Shedov Ivan
b. 1942, Kostroma
Graduated from the Krasnoselsk Art School of Decorative Metalwork (Krasnoye-on-Volga, Kostroma Region).
Has participated in exhibitions since 1969.
His works are included in the permanent collections of "VMDPNI", Moscow.

Ярошенко Анна Ефимовна
р. 1940, Москва
Окончила Московское художественно-промышленное училище им. М. И. Калинина.
Участвует в выставках с 1962 г. Персональные выставки: 1977, Москва; 1978, Калининград; 1978, Череповец (совместно с А. А. Поповым). 1981, 1985, 1988, Череповец; 1988, Красное-на-Волге, Костромская обл.
Музейные коллекции: Оружейная палата (Москва), ГИМ (Москва), ВМДПНИ (Москва), Калининградский областной историко-художественный музей, Красноярский краевой художественный музей им. В. И. Сурикова, Музей ювелирного искусства (Красное-на-Волге, Костромская обл.), Музей янтаря (Калининград), Серпуховской историко-художественный музей, Тамбовская областная картинная галерея, Тюменская областная картинная галерея, Череповецкий краеведческий музей.

Yaroshenko Anna
b. 1940, Moscow
Graduated from the Moscow Kalinin Art and Industrial School.
Has participated in exhibitions since 1962.
Solo exhibitions: 1977 in Moscow; 1978 in Kaliningrad; 1978 in Cherepovets (jointly with A. A. Popov); 1981, 1985, 1988 in Cherepovets; 1988 in Krasnoye-on-Volga (Kostroma Region).
Her works are included in the permanent collections of The Armory Chamber, Moscow Kremlin; "GIM", Moscow; "VMDPNI", Moscow; The Kaliningrad Regional Museum of History and Art; The Krasnoyarsk Territorial Museum of Art named after Surikov; The Museum of Jewellery, Krasnoye-on-Volga (Kostroma Region); The Museum of Amber, Kaliningrad; The Museum of History and Art, Serpukhov; The Tambov Regional Picture Gallery; The Tyumen Regional Picture Gallery; The Cherepovets Museum of Local History.

СПИСОК ИЛЛЮСТРАЦИЙ / LIST OF PLATES

1	Эскиз броши с рубинами и бриллиантами Фирма Фаберже Начало 20-го века	Sketch of Brooch with Rubies and Brilliants Firm of Fabergé Early 20th Century
2	Эскиз броши с рубинами и бриллиантами Фирма Фаберже Начало 20-го века	Sketch of Brooch with Rubies and Brilliants Firm of Fabergé Early 20th Century
3	Эскиз двух браслетов с рубинами и бриллиантами К.Фаберже Начало 20-го века	Sketch of Two Bracelets with Rubies and Brilliants C. Fabergé Early 20th Century
4	Браслет Санкт-Петербург 1850-е гг.	Bracelet St. Petersburg 1850s
5	Фрагмент браслета (к № 4)	Detail of Bracelet (No 4)
6	Браслет Санкт-Петербург 1860-е гг.	Bracelet St. Petersburg 1860s
7	Булавка Россия. 1864	Pin Russia. 1864
8	Медальон с цепью Россия Конец 19-го века	Medallion with Chain Russia End of the 19th Century
9	Фрагмент медальона с цепью (к № 8)	Detail of Medallion with Chain (No 8)
10	Цепь Россия. Вторая половина 19-го века	Chain Russia. Second half of the 19th Century
11	Брошь Россия. Начало 20-го века	Brooch Russia. Early 20th Century
12	Брошь-кулон Россия Конец 19-го века	Pendant-Brooch Russia End of the 19th Century
13	Брошь Россия Конец 19-го века	Brooch Russia End of the 19th Century
14	Браслет Москва. Фирма Немирова-Колодкина Последняя четверть 19-го века	Bracelet Moscow. Firm of Nemirov-Kolodkin Last quarter of the 19th Century
15	Браслет Россия. Последняя четверть 19-го века	Bracelet Russia. Last quarter of the 19th Century
16	Браслет Москва. 1910-е гг.	Bracelet Moscow. 1910s
17	Брошь-кулон Москва. 1908	Pendant-Brooch Moscow. 1908
18	Подвеска Москва. 1908–1917 гг.	Pendant Moscow. Circa 1908–1917
19	Подвеска Россия. 1908–1917 гг.	Pendant Russia. Circa 1908–1917
20	Брошь-камея Россия. Начало 20-го века	Brooch-Cameo Russia. Early 20th Century
21	Брошь-камея Россия. Начало 20-го века	Brooch-Cameo Russia. Early 20th Century
22	Брошь Москва. 1899–1908 гг.	Brooch Moscow. Circa 1899–1908
23	Шкатулка „Черепаха" Санкт-Петербург Фирма Фаберже Мастер Михаил Перхин. 1901–1903 гг.	"Tortoise" Box St. Petersburg Firm of Fabergé Workmaster Mikhail Perkhin. Circa 1901–1903
24	Сергей Буданов Кольцо „Золотая тайга" 1969	Sergei Budanov "Gold Taiga" Ring 1969
25	Владимир Гончаров, Феликс Кузнецов Кольцо „Двойная спираль". 1973	Vladimir Goncharov, Felix Kuznetsov "Double Spiral" Ring. 1973
26	Владимир Гончаров, Феликс Кузнецов Кольцо „Кардинал" 1969	Vladimir Goncharov, Felix Kuznetsov "Cardinal" Ring 1969
27	Владимир Гончаров, Феликс Кузнецов Кольцо „Иероглиф" 1975	Vladimir Goncharov, Felix Kuznetsov "Hieroglyph" Ring 1975
28	Алексей Попов Браслет „Эдельвейс". 1975	Alexei Popov "Edelweiss" Bracelet. 1975
29	Евгений Сарыкин Брошь „Бант". 1974	Evgeny Sarykin "Ribbon" Brooch. 1974
30	Инесса Бешенцева Гривна из комплекта ювелирных украшений. 1975	Inessa Beshentseva Collar Decoration (old slavic "grivna") from the Parure. 1975
31	Ютта Паас-Александрова Колье из комплекта ювелирных украшений „Одуванчик". 1976	Jutta Paas-Alexandrova "Dandelion" Parure (necklace). 1976
32	Иван Шедов Серьги „Калачи". 1975	Ivan Shedov "Kalachi" Ear-Rings. 1975
33	Ютта Паас-Александрова Кольцо из комплекта ювелирных украшений „Одуванчик". 1976	Jutta Paas-Alexandrova "Dandelion" Parure (ring). 1976
34	Михаил Борщевский Кольцо „Космос". 1979	Mikhail Borshchevsky "Cosmos" Ring. 1979
35	Вера Поволоцкая Кольцо из комплекта ювелирных украшений „Байкал". 1977	Vera Povolotskaya Ring from "The Baikal" Parure. 1977
36	Владимир Зотов Колье „Легенда". 1977 Серебряная медаль Международной выставки бижутерии „Яблонец-77"	Vladimir Zotov "Legend" Necklace. 1977 The Silver Medal from the International Exhibition of Bijouterie "Yablonec-77"

37

Юрий Савельев
Подвес из комплекта ювелирных украшений „Вечер“. 1977

Yury Savelyev
Pendant from the "Evening" Parure. 1977

38

Юрий Савельев
Серьги из комплекта ювелирных украшений „Вечер“. 1977

Yury Savelyev
Ear-rings from the "Evening" Parure. 1977

39

Юрий Савельев
Кольцо из комплекта ювелирных украшений „Вечер“. 1977

Yury Savelyev
Ring from the "Evening" Parure. 1977

40

Леокадия Подлубная
Шейное украшение „Русское“. 1977

Leokadiya Podlubnaya
"Russian" Collar Decoration. 1977

41

Нина Белякова
Серьги. 1982

Nina Belyakova
Ear-Rings. 1982

42

Нина Белякова
Серьги. 1980

Nina Belyakova
Ear-Rings. 1980

43

Любовь Коловангина (ювелир), Екатерина Щаницына (роспись)
Брошь „Первый парень на деревне“. 1979

Lubov Kolovangina (jeweller), Ekaterina Shanitsina (painting)
"Best Boy at the Village" Brooch. 1979

44

Любовь Коловангина (ювелир), Раиса Смирнова (роспись)
Серьги „Русская плясовая“. 1977

Lubov Kolovangina (jeweller), Raisa Smirnova (painting)
"Russian Dance" Ear-Rings. 1977

45

Вера Поволоцкая
Подвес из комплекта ювелирных украшений „Байкал“. 1977

Vera Povolotskaya
Pendant from "The Baikal" Parure. 1977

46

Михаил Борщевский
Подвес „Сургут“. 1980

Mikhail Borshchevsky
"Surgut" Pendant. 1980

47

Татьяна Белкина
Цепь „Русь“. 1979

Tatyana Belkina
"Rus" Chain. 1979

48

Владислав Храмцов
Браслет „Урал“. 1979

Vladislav Khramtsov
"The Ural" Bracelet. 1979

49

Татьяна Тихомирова, Владимир Тихомиров
Браслет из комплекта ювелирных украшений „Калина красная“. 1980

Tatyana Tikhomirova, Vladimir Tikhomirov
Bracelet from the "Red is the Guelder Rose" Parure. 1980

50

Людмила Борисова
Браслет. 1979

Ludmila Borisova
Bracelet. 1979

51

Олег Оркин
Колье „Цветение“ 1980

Oleg Orkin
"Blossom" Necklace 1980

52

Петр Зальцман
Камея-миниатюра „И.-С. Бах“. 1981

Piotr Zaltsman
"I. S. Bach" Cameo Miniature. 1981

53

Татьяна Макиевская
Кулон из комплекта ювелирных украшений „Чаепитие“. 1982

Tatyana Makievskaya
Pendant from the "Tea-Drinking" Parure. 1982

54

Татьяна Макиевская
Кулон из комплекта ювелирных украшений „Чаепитие“. 1982

Tatyana Makievskaya
Pendant from the "Tea-Drinking" Parure. 1982

55

Татьяна Макиевская
Брошь из комплекта ювелирных украшений „Чаепитие“. 1982

Tatyana Makievskaya
Brooch from the "Tea-Drinking" Parure. 1982

56

Феликс Кузнецов
Брошь „Вечное движение“. 1983

Felix Kuznetsov
"Eternal Motion" Brooch. 1983

57

Феликс Кузнецов
Брошь „Иероглиф“. 1983
Золотая медаль Международной выставки бижутерии „Яблонец-83“

Felix Kuznetsov
"Hieroglyph" Brooch. 1983
The Gold Medal from the International Exhibition of Bijouterie "Yablonec-83"

58

Валерий Тимофеев
Браслет „Движение“ 1983

Valery Timofeev
"Motion" Bracelet 1983

59

Владислав Фомин
Брошь „Сирень“. 1979

Vladislav Fomin
"Lilac" Brooch. 1979

60

Дмитрий Попов
Брошь „Полет“. 1983

Dmitry Popov
"Flight" Brooch. 1983

61

Татьяна Тихомирова, Владимир Тихомиров
Брошь-заколка „Птица“ 1983
Золотая медаль Международной выставки бижутерии „Яблонец-83“

Tatyana Tikhomirova, Vladimir Tikhomirov
"Bird" Pin-Brooch 1983
The Gold Medal from the International Exhibition of Bijouterie "Yablonec-83"

62

Ирина Дорофеева
Кольцо. 1983

Irina Dorofeeva
Ring. 1983

63

Мария Тоне
Нагрудное украшение „Капель“. 1984

Maria Tone
"Dripping" Pectoral. 1984

64

Алексей Дороднов
Серия непарных серег. 1984

Alexei Dorodnov
Series of Unmatched Ear-Rings. 1984

65

Николай Елфимов
Заколка „Колибри“. 1985

Nikolai Elfimov
"Colibri" Pin. 1985

66

Владимир Афанасьев
Колье из комплекта ювелирных украшений „Витраж“. 1984

Vladimir Afanasjev
"Stain-Glass" Necklace. 1984

67

Ольга Бондаренко
Брошь „Стайка фламинго“. 1984

Olga Bondarenko
"Flamingos" Brooch. 1984

68

Татьяна Балтро
Кольцо „Ночка“. 1985

Tatyana Baltro
"Night" Ring. 1985

69

Татьяна Балтро
Кольцо „Облако“. 1985
Диплом Международной выставки бижутерии „Яблонец-87“

Tatyana Baltro
"Cloud" Ring. 1985
Diploma from the International Exhibition of Bijouterie "Yablonec-87"

70

Александр Каменский
Гребень. 1985

Alexander Kamensky
Comb. 1985

71

Александр Каменский
Гребень. 1985

Alexander Kamensky
Comb. 1985

72

Борис Остров
Печатка „Время“. 1985

Boris Ostrov
"Time" Signet. 1985

73

Виктор Анипко
Композиция „Птички“. 1988

Viktor Anipko
"Little Birds" Composition. 1988

74
Феликс Кузнецов
Брошь „Полицентрум"
1985
Felix Kuznetsov
"Polycentrum" Brooch
1985

75
Феликс Кузнецов
Брошь „Узел". 1987
Диплом Международной выставки бижутерии „Яблонец-87"
Felix Kuznetsov
"Knot" Brooch. 1987
Diploma from the International Exhibition of Bijouterie "Yablonec-87"

76
Феликс Кузнецов
Брошь „Полицентрум"
1985
Felix Kuznetsov
"Polycentrum" Brooch
1985

77
Геннадий Ленцов
Брошь. 1985
Gennady Lentsov
Brooch. 1985

78
Андрей Селиванов
Серьги „Топологический этюд". 1985
Andrei Selivanov
"Topology Sketch" Ear-Rings. 1985

79
Владимир Поздняков
Кольцо из серии „Квадратура круга". 1985
Vladimir Pozdnyakov
Ring from "The Quadrature of Ring" Series. 1985

80
Владимир Поздняков
Кольцо из серии „Квадратура круга". 1985
Vladimir Pozdnyakov
Ring from "The Quadrature of Ring" Series. 1985

81
Леонид Корнеев
Заколка из серии „Трансформация формы". 1985
Leonid Korneev
Pin from the "Transformation of Forms" Series. 1985

82
Геннадий Ленцов
Брошь. 1985
Gennady Lentsov
Brooch. 1985

83
Леонид Корнеев
Брошь из серии „Трансформация формы". 1985
Leonid Korneev
Brooch from the "Transformation of Forms" Series. 1985

84
Татьяна Тихомирова, Владимир Тихомиров
Подвес „Букет". 1985
Tatyana Tikhomirova, Vladimir Tikhomirov
"Bouquet" Pendant. 1985

85
Ютта Паас-Александрова
Ожерелье „Оттепель" 1986
Jutta Paas-Alexandrova
"Thaw" Necklace. 1986

86
Владимир Устюжанин
Колье „Русский мотив". 1986
Vladimir Ustjuzhanin
"Russian Motif" Necklace. 1986

87
Галина Селезнева
Гривна из комплекта ювелирных украшений „Праздник". 1986
Galina Seleznyova
Collar Decoration (old slavic "grivna") from the "Festival" Parure. 1986

88
Галина Селезнева
Браслет из комплекта ювелирных украшений „Праздник". 1986
Galina Seleznyova
Bracelet from the "Festival" Parure. 1986

89
Александр Головцов
Композиция из браслетов. 1987
Alexander Golovtsov
Composition of Bracelets. 1987

90
Феликс Кузнецов
Заколка „Ротор". 1987
Felix Kuznetsov
"Rotor" Pin. 1987

91
Ольга Кузнецова
Брошь „Вымпел". 1987
Золотая медаль Международной выставки бижутерии „Яблонец-87"
Olga Kuznetsova
"Pendant" Brooch. 1987
The Gold Medal from the International Exhibition of Bijouterie "Yablonec-87"

92
Ольга Кузнецова
Брошь „Дожди". 1987
Olga Kuznetsova
"Rains" Brooch. 1987

93
Николай Ежкин
Кольца из серии „Воздушные пути". 1987
Nikolai Yezhkin
Rings from the "Air Tracks" Series. 1987

94
Николай Ежкин
Кольцо из серии „Воздушные пути". 1987
Nikolai Yezhkin
Ring from the "Air Tracks" Series. 1987

95
Ольга Кузнецова
Заколка для шляпы „Фазан". 1987
Olga Kuznetsova
"Pheasant" Hat Pin. 1987

96
Геннадий Быков
Броши из серии. 1988
Gennady Bykov
Brooches from the Series. 1988

97
Геннадий Быков
Брошь из серии
1988
Gennady Bykov
Brooch from the Series
1988

98
Ольга Кузнецова
Заколка „Блики". 1985
Olga Kuznetsova
"High Lights" Pin. 1985

99
Владимир Гончаров
Объект. 1988
Vladimir Goncharov
Object. 1988

100
Владимир Гончаров
Браслет. 1987
Vladimir Goncharov
Bracelet. 1987

101
Геннадий Быков
Брошь из серии „Следы". 1989
Gennady Bykov
Brooch from the "Tracks" Series. 1989

102 (1; 2)
Геннадий Быков
Броши из серии „Следы". 1989
Gennady Bykov
Brooches from the "Tracks" Series. 1989

103 (1; 2)
Наталья Быкова
Броши из серии „Городской сад". 1988
Natalya Bykova
Brooches from the "City Garden" Series. 1988

104
Наталья Быкова
Брошь из серии „Городской сад". 1988
Natalya Bykova
Brooch from the "City Garden" Series. 1988

105
Феликс Кузнецов
Эскиз-проект „Гиперполе". 1988
Felix Kuznetsov
"Hyper-Field" Sketch-Project. 1988

106
Дмитрий Попов
Брошь из серии
1988
Dmitry Popov
Brooch from the Series
1988

107
Дмитрий Попов
Брошь из серии
1988
Dmitry Popov
Brooch from the Series
1988

108
Ольга Кузнецова
Брошь „День". 1988
Olga Kuznetsova
"Day" Brooch. 1988

109
Ольга Кузнецова
Брошь „Ночь". 1988
Olga Kuznetsova
"Night" Brooch. 1988

110
Александр Каменский
Подвеска-объект. 1988
Alexander Kamensky
Pendant-Object. 1988

111
Мария Тоне
Колье. 1988
Maria Tone
Necklace. 1988

112
Анна Ярошенко
Гривна „Галактика“ 1988
Anna Yaroshenko
"Galaxy" Collar Decoration (old slavic "grivna") 1988

113
Валентина Авдеева
Брошь из комплекта ювелирных украшений „Голубой“. 1988
Valentina Avdeeva
Brooch from the "The Blue" Parure. 1988

114
Валентина Авдеева
Колье из комплекта ювелирных украшений „Голубой“. 1988
Valentina Avdeeva
Necklace from the "The Blue" Parure. 1988

115
Вера Наумова
Брошь. 1988
Vera Naumova
Brooch. 1988

116
Вера Наумова
Брошь. 1988
Vera Naumova
Brooch. 1988

117
Наталья Быкова
Брошь из серии „Острова“. 1989
Natalya Bykova
Brooch from the "Islands" Series. 1989

118
Наталья Быкова
Брошь из серии „Острова“. 1989
Natalya Bykova
Brooch from the "Islands" Series. 1989

119
Александр Головцов
Брошь из серии 1989
Alexander Golovtsov
Brooch from the Series 1989

120
Александр Головцов
Брошь из серии 1989
Alexander Golovtsov
Brooch from the Series 1989

121
Александр Головцов
Объект „Мироощущение“. 1989
Alexander Golovtsov
"Attitudes" Object. 1989

122
Александр Каменский
Брошь из серии 1989
Alexander Kamensky
Brooch from the Series 1989

123
Александр Каменский
Брошь из серии 1989
Alexander Kamensky
Brooch from the Series 1989

124
Владимир Наумов
Брошь из серии „Мираж“. 1989
Vladimir Naumov
Brooch from the "Mirage" Series. 1989

125
Владимир Наумов
Брошь из серии „Мираж“. 1989
Vladimir Naumov
Brooch from the "Mirage" Series. 1989

126
Наталья Быкова
Подвес из серии. 1990
Natalya Bykova
Pendant from the Series. 1990

127 (1; 2)
Наталья Быкова
Подвесы из серии. 1990
Natalya Bykova
Pendants from the Series. 1990

128
Валерий Тимофеев
Кулон. 1989
Valery Timofeev
Pendant. 1989

129
Сергей Боровков-Куктенко
Композиция „Ситуация заколок“. 1989
Sergei Borovkov-Kuktenko
"Situation with Pins" Composition. 1989

130
Вера Фонтон
Кольцо „Вершины“. 1989
Vera Fonton
"Heights" Ring. 1989

131
Вера Фонтон
Кольцо „Три луча“. 1989
Vera Fonton
"Three Rays" Ring. 1989

132
Наталья Гаттенбергер
Шейное украшение из комплекта „Пена“. 1991
Natalya Gattenberger
Collar Decoration from the "Foam" Parure. 1991

133
Зинаида Зенкова
Колье „Птицы мира“. 1988
Zinaida Zenkova
"Birds of the World" Necklace. 1988

134
Вера Фонтон
Кольцо из серии. 1992
Vera Fonton
Ring from the Series. 1992

135
Вера Фонтон
Кольцо из серии. 1992
Vera Fonton
Ring from the Series. 1992

136
Михаил Масленников
Брошь „Кузнечик Возрождения“. 1990
Mikhail Maslennikov
"Renaissance Grasshopper" Brooch. 1990

137
Владимир Зотов
Нагрудное украшение „Свет и тень“. 1990
Vladimir Zotov
"Light and Shadow" Pectoral. 1990

138
Наталья Быкова
Брошь из композиции „В Ленинграде от 0 до +5°C“. 1990
Natalya Bykova
Brooch from the "In Leningrad from 0 to +5°C" Composition. 1990

139 (1; 2)
Наталья Быкова
Броши из композиции „В Ленинграде от 0 до +5°C“. 1990
Natalya Bykova
Brooches from the "In Leningrad from 0 to +5°C" Composition. 1990

140
Вера Наумова
Брошь из комплекта с наплечным украшением. 1991
Vera Naumova
Brooch from the Parure with the Shoulder Decoration. 1991

141
Вера Наумова
Наплечное украшение из комплекта с брошью. 1991
Vera Naumova
The Shoulder Decoration from the Parure with the Brooch. 1991

142
Владимир Гончаров
Браслет. 1991
Vladimir Goncharov
Bracelet. 1991

143
Геннадий Быков
Браслет. 1992
Gennady Bykov
Bracelet. 1992

144
Вера Наумова, Владимир Наумов
Брошь из серии 1992
Vera Naumova, Vladimir Naumov
Brooch from the Series 1992

145
Вера Наумова, Владимир Наумов
Брошь из серии 1992
Vera Naumova, Vladimir Naumov
Brooch from the Series 1992

146
Геннадий Ленцов
Объект. 1989
Gennady Lentsov
Object. 1989

147
Геннадий Ленцов
Объект. 1989
Gennady Lentsov
Object. 1989

148
Владимир Гончаров
Объект „Тема браслета“. 1988
Vladimir Goncharov
"Theme for Bracelet" Object. 1988

БИБЛИОГРАФИЯ BIBLIOGRAPHY

Бреполь Э. Теория и практика ювелирного дела. Л., 1977.

Василенко В. М. Русское прикладное искусство. М., 1977.

Искусство и ремесло ювелира // Декоративное искусство СССР. 1984. № 8. С. 5–19.

Копылова В. И. Ювелирное искусство Урала. Свердловск, 1981.

Корнилова Н. И., Солодова Ю. П. Ювелирные камни. М., 1986.

Макарова Т. И. Перегородчатые эмали Древней Руси. М., 1975.

Мартынова М. В. Драгоценный камень в русском ювелирном искусстве XII–XVIII веков. М., 1973.

Мерцалова М. Н. История костюма. М., 1972.

Павловский Б. В. Декоративно-прикладное искусство промышленного Урала. М., 1975.

Постникова-Лосева М. М. Русское ювелирное искусство. М., 1974.

Постникова-Лосева М. М. Русское ювелирное искусство, его центры, мастера XVI–XIX века. М., 1974.

Постникова-Лосева М. М. Русская золотая и серебряная скань. М., 1981.

Постникова-Лосева М. М., Платонова Н. Г., Ульянова Б. Л. Золотое и серебряное дело XV–XX веков. М., 1983.

Пупарев А. А. Художественная эмаль. М., 1948.

Разина Т. М. Русская эмаль и скань. М., 1961.

Русская эмаль XII — начала XX века из собрания Государственного Эрмитажа / Н. В.Калязина, Г. Н.Комелова, Н. Д.Косточкина, О. Г.Костюк, К. А.Орлова. Л., 1987.

Русские эмали XI–XIX веков из собрания Государственных музеев Московского Кремля, Государственного Исторического музея, Государственного Эрмитажа / Л. В. Писарская, Н. Г. Платонова, Б. Л. Ульянова. М., 1974.

Русские ювелирные украшения XVI–XX веков из собрания Государственного Исторического музея / Г. М. Медведева, Н. Г. Платонова, М. М. Постникова-Лосева, Г. Г. Смородинова, Н. Г. Троепольская. М., 1987.

Русское декоративное искусство / Под ред. А. И. Леонова. М., 1962–1965. Т. 1–3.

Русское золото XVI — начала XX века из фондов Государственных музеев Московского Кремля / С. Я. Коварская, И. Д. Костина, Е. В. Шакурова. М., 1987.

Русское золотое и серебряное дело XV–XX веков / Т. Гольдберг, Ф. Мишуков, Н. Платонова, М. Постникова-Лосева. М., 1967.

Русское художественное серебро XV–XIX веков / М. М. Постникова-Лосева, Н. Г. Платонова. М., 1959.

Рыбаков Б. А. Ремесло древней Руси. М., 1948.

Свирин А. Н. Ювелирное искусство Древней Руси XI–XVII веков. М., 1972.

Седова М. В. Ювелирные изделия Древнего Новгорода. М., 1981.

Семенов В. Б. Малахит. Свердловск, 1987.

Семенов В. Б. Яшма. Свердловск, 1979.

Советские художники-ювелиры / М. А. Ильин, В. А. Елкова, Л. Ф. Романова. М., 1980.

Темерин С. М. Русское прикладное искусство: Очерки. М., 1960.

Уткин П. И. Русские ювелирные украшения. М., 1970.

Ферсман А. Е. Рассказы о самоцветах. Л., 1957.

Флеров А. В. Технология художественной обработки металлов. М., 1968.

Ювелирные изделия фирмы Фаберже / И. А. Родимцева. М., 1971.

Barbara Cartlidge. Les bijoux au XX siècle. Fribourg. Suisse. 1986.

Nancy Hall-Duncan. Histoire de la photographie de mode. New York. 1978.

Masterpieces from the House of Fabergé. New York. 1984.

New Tradition. The evolution of Jewelry. 1966-1985. London. 1985.

The New Jewelry. Trend + traditions. London. 1984.

Карпун А. Л.

К26 Русское ювелирное искусство: вторая половина 19 — 20 век: Альбом. — М.: БЕРЕСТА, 1994. — 196 с.: ил. — (Русский художественный металл). — На англ., рус. яз.

ISBN 5-7460-0002-7

Настоящий альбом акцентирует внимание читателя на национальных традициях и современных путях развития ювелирного искусства России. Экспонаты, вошедшие в альбом, предоставлены Всероссийским музеем декоративно-прикладного и народного искусства (Москва) и публикуются впервые.

Для коллекционеров, устроителей аукционов, арт-галерей, музеев, а также для широкого круга читателей, интересующихся искусством.

ББК 85.12

Автор-составитель
КАРПУН Алексей Леонидович

Русское ювелирное искусство: вторая половина 19 — 20 век
Из коллекции Всероссийского музея декоративно-прикладного
и народного искусства (Москва)

Альбом (на англ., рус.яз.)

„Издательский дом БЕРЕСТА"
Президент В.И. Горбунов
Главный редактор Т.В. Левичева

Фотографы Н.Н. Алексеев,
Л.Б. Мелихов, Н.Г. Мелихова
Оформление и макет Т.О. Семеновой
Редактор Т.В. Левичева
Перевод Е.Н. Кучеровой
Редактор перевода Джилл Пэрри Блонски

ЛР № 071016 от 29 декабря 1993 г.

Сдано в печать 04.11.94. Подписано в печать 14.12.94.
Формат 60×90 1/8. Гарнитура Гельветика. Печать офсетная.
Усл. печ. л. 24,5. Усл. кр.-отт. 99,5. Уч.-изд. л. 28,5.
Тираж 3000. Изд. № 2

Издательский дом БЕРЕСТА
105613 Москва, Измайловское ш., 71

Printed and bound in Graz/Austria